U0577850

共6册

机器人
创意与编程（二）

第11册 **Arduino类库**

谭立新　刘开新　著

北京理工大学出版社
BEIJING INSTITUTE OF TECHNOLOGY PRESS

内 容 提 要

本套教材体系上符合人工智能进入中小学编程教育的主要技术框架，内容上涵盖了机械结构、电子电路、Mixly 图形化编程、C 语言程序设计基础知识、Arduino C 代码编程、智能硬件应用、传感器应用、红外通信等方面的知识与实践。

本教材内容尽量简化了文字语言，最大限度地使用图形语言，力求适应不同年龄段的小学生认识事物与理解事物的特点。

版权专有　侵权必究

图书在版编目（CIP）数据

机器人创意与编程. 二 共6 册 / 谭立新，刘开新著
. -- 北京：北京理工大学出版社，2024.5
ISBN 978 - 7 - 5763 - 3985 - 7

Ⅰ. ①机… Ⅱ. ①谭… ②刘… Ⅲ. ①机器人 – 程序
设计 – 中小学 – 教材 Ⅳ. ①G634.931

中国国家版本馆 CIP 数据核字（2024）第 097367 号

责任编辑：钟　博　　　　**文案编辑**：钟　博
责任校对：周瑞红　　　　**责任印制**：施胜娟

出版发行 / 北京理工大学出版社有限责任公司
社　　址 / 北京市丰台区四合庄路 6 号
邮　　编 / 100070
电　　话 / （010）68914026（教材售后服务热线）
　　　　　　（010）68944437（课件资源服务热线）
网　　址 / http://www.bitpress.com.cn

版印次 / 2024 年 5 月第 1 版第 1 次印刷
印　　刷 / 河北盛世彩捷印刷有限公司
开　　本 / 889 mm×1194 mm　1/16
印　　张 / 49.75
字　　数 / 1046 千字
总 定 价 / 468.00 元（共 6 册）

图书出现印装质量问题，请拨打售后服务热线，负责调换

前　言

机器人是一个融合机械、电子、计算机、智能控制、互联网、通信、人工智能等诸多技术的综合体，对未来学科启蒙意义重大。随着国家教育体制改革的不断深化，中小学开设以机器人为载体的新一代信息科技课程越来越受到高度重视。

众所周知，机器人技术中的任何一门学科都应该是中专及以上院校开设的课程，对于中小学生特别是小学生来说有什么意义呢？这就好比汉语言文学专业，它是我国大学史上最早开设的专业之一，可是从来没有哪一位学生是在考入大学的这一专业后才开始学习说话和写字的，也没有哪一位学生是在牙牙学语时便学习音韵、语法和修辞课程的。

本套《机器人创意与编程》教材立足于既要解决像汉语言文学专业的学生不需要从零开始学习"说话"和"写字"的问题，又尽量处理好像婴儿在牙牙学语时的"语法"与"修辞"的难题。

本套教材依据中国电子学会推出的《全国青少年机器人技术等级考试标准》，对课程体系的组织与安排充分注重教学内容的系统性、教学阶段的差异性、教学形式的趣味性和手脑并重的创意性。本套教材按照《全国青少年机器人技术等级考试标准》，体系上符合人工智能进入中小学编程教育的主要技术框架，内容上涵盖了机械结构、电子电路、软件编程、智能硬件应用、传感器应用、通信等方面的知识与实践。

本套教材共12册，适用对象为小学1~6年级的学生，其中9~12册也适合7~9年级学生学习。

1~4册，主要通过积木模型介绍机械结构方面的知识，对应1~2年级的学生及一、二级等级考试；

5~8册，主要介绍Mixly图形化编程、电子电路、智能硬件及传感器的应用等知识，对应3~4年级的学生及三级等级考试；

9~12册，主要介绍C语言代码编程、电子电路、智能硬件及传感器的应用、红外通信等知识，对应5~6年级的学生及四级等级考试。

每册教材原则上按单元划分教学内容，即每个单元具有相对独立的知识点。为了便于学生学习与记忆，1~4册每课的知识点在目录中用副标题标出；5~12册每课的标题除应用型项目外，原则上用所学知识点直接标出。

中小学生机器人技术课程开发是一个全新的领域。由于编者水平有限，不妥和疏漏之处在所难免，敬请广大读者提出宝贵的意见和建议。

编　者

目　　录

第 1 单元　认识 Arduino 类库 ……………………………………………………… 1

第 1 课　认识 Arduino 类库 …………………………………………………… 2

1.1　基本要点 …………………………………………………………… 2

1.2　类与成员函数 ……………………………………………………… 4

1.3　编程实训 …………………………………………………………… 6

第 2 课　成员函数的调用 ……………………………………………………… 10

2.1　基本要点 …………………………………………………………… 10

2.2　成员函数的调用 …………………………………………………… 12

2.3　编程实训 …………………………………………………………… 12

第 3 课　Arduino 类库的安装 ………………………………………………… 16

3.1　基本要点 …………………………………………………………… 16

3.2　安装 Arduino 类库 ………………………………………………… 16

3.3　编程实训 …………………………………………………………… 20

第 2 单元　Arduino 标准库 ……………………………………………………… 27

第 4 课　串口库 ………………………………………………………………… 28

4.1　基本要点 …………………………………………………………… 28

4.2　成员函数 …………………………………………………………… 30

4.3　编程实训 …………………………………………………………… 31

第 5 课　串口控制 LED 灯 ……………………………………………………… 35

5.1　项目要点 …………………………………………………………… 35

5.2　编写程序 …………………………………………………………… 36

5.3　项目体验 …………………………………………………………… 38

第 3 单元　Arduino 扩展库 ……………………………………………………… 41

第 6 课　舵机库 ………………………………………………………………… 42

6.1　基本要点 …………………………………………………………… 42

6.2　成员函数 …………………………………………………………… 44

6.3　编程实训 …………………………………………………………… 45

第 7 课　雨刷器 ··· 47

　　7.1　项目要点 ··· 47

　　7.2　编写程序 ··· 47

　　7.3　项目体验 ··· 49

第 8 课　体操运动机器人 ··· 52

　　8.1　项目要点 ··· 52

　　8.2　编写程序 ··· 53

　　8.3　项目体验 ··· 55

第 9 课　点焊机器人 ··· 58

　　9.1　项目要点 ··· 58

　　9.2　编写程序 ··· 59

　　9.3　项目体验 ··· 61

第 4 单元　Arduino 外部库 ·· 63

第 10 课　IRremote 库 ·· 64

　　10.1　基本要点 ··· 64

　　10.2　类名及成员函数 ··· 67

　　10.3　编程实训 ··· 68

第 11 课　红外遥控小车 ··· 71

　　11.1　项目要点 ··· 71

　　11.2　编写程序 ··· 71

　　11.3　项目体验 ··· 75

第 12 课　红外遥控舵机 ··· 77

　　12.1　项目要点 ··· 77

　　12.2　编写程序 ··· 78

　　12.3　项目体验 ··· 80

第 13 课　红外遥控搬运车 ·· 84

　　13.1　项目要点 ··· 84

　　13.2　编写程序 ··· 85

　　13.3　项目体验 ··· 89

第 14 课　DFRobotDFPlayerMini 库 ··· 92

　　14.1　基本要点 ··· 92

　　14.2　成员函数 ··· 94

　　14.3　编程实训 ··· 95

第 15 课　导航机器人 ·· 101

　　15.1　项目要点 ·· 101

15.2 编写程序 ·· 103

15.3 项目体验 ·· 107

附录 **1** ··· 110

附录 **2** ··· 115

附录 **3** ··· 119

附录 **4** ··· 122

参考文献 ·· 132

第 1 单元
认识 Arduino 类库

- Arduino 类库的基本概念

- 库成员函数的调用

- Arduino 类库的安装

第1课

认识 Arduino 类库

库是函数的集合。Arduino 类库是控制特定硬件的函数的集合，又称为硬件库。在 Arduino C 程序中调用库中的成员函数，就可以直接控制这个库所定义的硬件。

用 Arduino 类库的成员函数执行控制硬件的特定任务，可以使编程变得简单轻松。

1.1 基本要点

1.1.1 Arduino 类库的分类

Arduino 类库分为 Arduino 标准库与 Arduino 第三方库两大类。在 Arduino 第三方库中，把已被 Arduino 吸收的类库叫作 Arduino 扩展库，把 Arduino 尚未吸收的类库叫作 Arduino 外部库。这样，Arduino 类库可分为 Arduino 标准库、Arduino 扩展库和 Arduino 外部库。

1. Arduino 标准库

Arduino 标准库是 Arduino 的内建函数库，安装 Arduino IDE 时 Arduino 标准库就一并安装了。Arduino 标准库的安装路径如下所示：

$$\cdots\backslash Arduino\backslash hardware\backslash arduino\backslash avr\backslash cores\backslash arduino$$

例如，我们非常熟悉的内建函数 digitalWrite（）、analogRead（）被封装在上述路径下的"Arduion. h"头文件和"wiring_digital. c"源文件中，如图 1-1 所示，同学们可以自行查看。

图 1-1 Arduino 类库所在的文件路径

2. Arduino 扩展库

Arduino 扩展库有很多都是 Arduino 爱好者编写的，其中一些非常优秀的类库被 Arduino 采用。

Arduino 扩展库涉及各个方面，极大地扩展了 Arduino 的应用领域。

Arduino 扩展库一般在安装路径 "…\Arduino\libraries" 的根目录下，如图 1-2 所示。

Arduino 扩展库也可以在 Arduino IDE 中查看。选择菜单栏中的 "项目" → "加载库" 选项，在弹出的目录中的 "Arduino 库" 下方为 Arduino 扩展库，如图 1-3 所示。

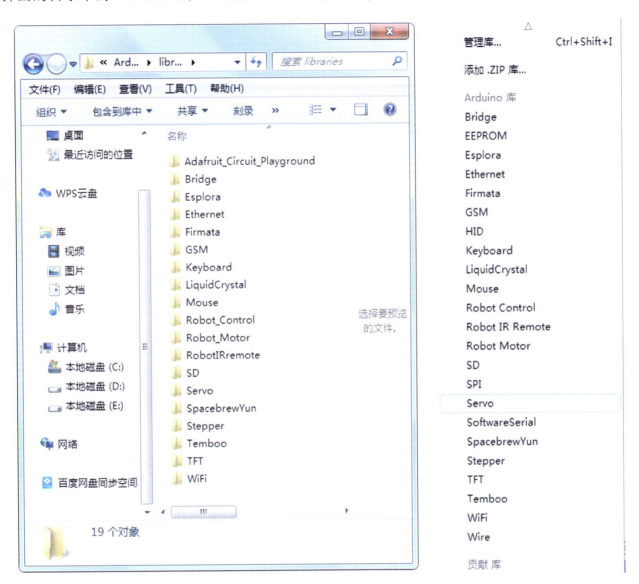

图 1-2　安装路径下的 Arduino 扩展库目录　　　图 1-3　查看 Arduino 扩展库

3. Arduino 外部库

Arduino 外部库分布在 Arduino 爱好者们各自的官方网站或各种论坛里。

例如，同学们为某个硬件编写一个类库，这个类库就是 Arduino 外部库。

Arduino 外部库需要进行安装后才能使用。

1.1.2　Arduino 类库所包含的文件

一个 Arduino 类库一般包含 4 个方面的文件。

（1）头文件，即文件后缀为 ".h" 的文件。头文件的作用是定义一个类及声明 Arduino 类库的数据成员和函数成员，函数成员通常叫作成员函数。

（2）源文件，即文件后缀为".cpp"的文件。源文件的作用是实现成员函数的功能。

（3）示例文件。示例文件的作用是演示该 Arduino 类库的具体使用方法。

（4）"keyword.txt"文件。该文件的作用是描述该 Arduino 类库给 Arduino 词汇表添加了哪些关键词，以便在 Arduino IDE 中输入库的名称和成员函数时，将这些关键词用颜色字体显示。

在上述 4 个文件中，头文件和源文件是必不可少的。

1.1.3　Arduino 类库的安装

如果要使用 Arduino 外部库，则必须先进行安装。具体安装方法将在后面的课程中专门介绍。

1.2　类与成员函数

为了加深对 Arduino 类库及 Arduino 类库成员函数的认识，从而掌握成员函数的调用方法，先简单地了解什么是类以及什么是类的成员函数。

1.2.1　类的概念

类是对一组具有相同属性特征和行为特征的对象的描述。

例如：一个班有 40 位同学，他们都具有相同的属性特征，如年龄、身材等；具有相同的行为特征，如学习、爱好等。因此，可以把这 40 位同学看成一个类，即学生类。每位同学都是该类中的一个对象。

但是，这个类很不具体，不能说明任何问题，因为每个学生对象的具体属性特征和行为特征各有差异，只有对每个学生（对象）进行具体的描述才能使该类变得有意义。

例如：小明是学生类的一个对象，具体描述如下。

类名：学生

对象名：小明

对象的属性：

　　年龄：13

　　身材：微胖

对象的行为：

　　学习：认真

　　爱好：打篮球

在上面的类中，年龄、身材、学习、爱好叫作类的成员，即对象（小明）共有 4 个成员。

在这些成员中，如果"年龄"不让除本班以外的任何人询问，它就是一个私有成员（private）；如果"身材"只让本班及本班以外的好朋友询问，它就是一个保护成员（protected）；如果"学习""爱好"可以让任何人询问，它就是一个公共成员（public）。

1.2.2　Arduino 类库的一般形式

将 1.2.1 节中的学生类用代码写出来，它就是 Arduino 类库的一般形式。

```
/*类的一般形式*/
class STUD
{
    private:                    //私有成员:
        int age;                    //数据成员:年龄
    protected:                  //保护成员:
        int shape;                  //数据成员:身材
    public:                     //公共成员:
        void study(int x);          //成员函数:学习
        void hobby(char y);         //成员函数:爱好
}
```

在上面的代码中，class 是表示类的关键字，STUD 是类名；一对花括号中是类的成员，包括数据成员和函数成员，如 int age 是类数据成员，void study( )是类的函数成员。

private 表示私有成员，只能由类本身访问。

protected 表示保护成员，只能由类本身或类的派生类访问。

public 表示公共成员，可以从类的外部访问。

1.2.3　Arduino 类库的头文件和成员函数定义

Arduino 类库的文件是用 C++ 语言编写的。C++ 语言是 C 语言的一个超集。它是一种面向对象的程序语言。我们不必深入地探究 C++ 语言，主要是通过对类库的头文件和成员函数的定义过程，大致了解用 C++ 语言编写的头文件和成员函数是什么样子的，并能模仿编写简单的 Arduino 类库。这对于后面学习和使用各种 Arduino 类库会有所帮助。

由于 C++ 语言是 C 语言的一个超集，所以 C++ 语言的很多语法规则与 C 语言是相通的。现在，根据前面列举的学生类用 C++ 语言编写一个 Arduino 类库。

1. 头文件

1）定义头文件名

定义头文件名的一般形式如下。

```
#ifndef  STUD_H_
#define  STUD_H_          //头文件名 STUD_H_
...
#endif
```

2）定义类

在条件编译命令中定义类的名称和类的成员，构成一个完整的头文件。

为了简单清晰起见，定义头文件中的类时，将"类的一般形式"示例中的私有成员、保护成员及公共成员中的"爱好"成员函数省略。

定义头文件的一般形式如下。

```
/* 头文件 STUD.h */
#ifndef  STUD_H_
#define  STUD_H_
class  STUD
{
  public:
  void study();
};                    //分号不能省略
#endif
```

在类的定义中，首先定义类名 STUD，类名前必须用关键字 class 修饰。class 也被视为一种数据类型；然后在花括号中声明类的成员，如 void study( )。

2. 定义源文件

在头文件中对类的成员函数进行声明后，还必须对这些成员函数进行具体的定义。定义成员函数的文件叫作源文件。

定义源文件的方法如下。

```
/* 源文件 STUD.cpp */
#include < Arduino.h >
#include"STUD.h"
void STUD::study()
{
    Serial.println("小明学习很认真");
    delay(1000);
}
```

说明如下。

（1）在"STUD. cpp"程序代码的首部，必须包括 Arduino 的头文件和 STUD 类的头文件，即 #include < Arduino. h >#include" STUD. h"。

（2）函数首部形式如下。

```
类名::函数名(参数列表)
```

类名与函数名之间用两个冒号"::"分开，参数列表可以是一个或多个参数或没有参数，多个参数用逗号隔开。

1.3 编程实训

【实训 1–1】 编写一个 STUD 类库。

1. 分析

如何在 Arduino IDE 中编写 STUD 类库并运行这个类库呢？

在 Arduino IDE 中编写和运行一个类库至少需要 3 个文件：类库的头文件、成员函数文件、Arduino 文件。

Arduino 文件，是指在 setup( ) 函数和 loop( ) 函数框架中编写的代码文件。

打开 Arduino IDE，分别编写头文件"STUD.h"、源文件"STUD.cpp"和 Arduino 文件"shiXun1-1"。

2. 编写头文件

1）命名头文件

单击 Arduino IDE 界面右上角的倒三角形按钮 ，在弹出的选项中选择"新建标签"选项，如图 1-4 所示。

图 1-4　选择"新建标签"选项

在 Arduino IDE 界面下方的"新文件的名字"输入框中输入头文件名及后缀".h"，如图 1-5 所示。

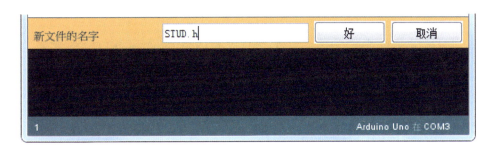

图 1-5　头文件名输入示意

然后，单击"好"按钮，生成一个新的文件编辑界面，新文件标签为 STUD.h§ 。

2）编写头文件

在编辑区编写程序代码。这里直接将前面编写的头文件"STUD.h"代码输入编辑区。

3. 编写源文件

编写源文件的操作方法和步骤与编写头文件相同。

（1）在"新文件的名字"输入框中输入"STUD.cpp"。

（2）在编辑区输入前面编写的源文件"STUD.cpp"代码。

4. 编写 Arduino 文件

头文件和源文件编写好后，需要在 Arduino 框架程序中进行编译和运行。具体步骤如下。

1）包含头文件

在框架程序首部，用文件包含命令#include 将头文件 STUD.h 包含进去，即#include "STUD.h"。

注意，头文件名要用双引号""，而不能用尖括号 < >，为什么呢？请同学们回忆一下前面所学的知识。

2）声明类的对象

声明类的对象就是为抽象的类确定一个具体的实例。例如，在学生类中所描述的对象是小明，在使用这个类时要在程序首部声明小明是类的对象。

声明对象的一般形式如下。

类名　对象名(参数列表);

类名：类的名称，如 STUD。

对象名：类的对象的名称，如 xiaoMing。对象名最好与对象的特征相符或相近。

STUD 类的对象声明形式如下。

STUD　xiaoMing

3）查看小明的学习情况

用 xiaoMing. study( )语句在 STUD 类库中查看小明的学习情况。

Arduino 框架程序代码及头文件、源文件标签示意如图 1－6 所示。

图 1－6　Arduino 框架程序代码及头文件、源文件标签示意

5. 运行程序

先保存程序，再验证程序，然后上传程序。上传程序后，打开串口监视器，实训 1－1 程序运行效果如图 1－7 所示。

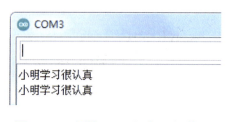

图 1－7　实训 1－1 程序运行效果

1. 什么是类？修饰类名的关键字是什么？

2. 从访问权限的角度划分，一个类中一般有哪几种成员？

3. 什么是 Arduino 类库？它的意义是什么？

4. 一个 Arduino 类库至少要包含哪两种文件？它们各自的作用是什么？

5. 以下源代码中有 1 处错误，请把它指出来并改正。

```
#ifndef  STUD_H_
#define  STUD_H_
class  STUD
{
    private:
        int age;
    public:
        void study();
}
#endif
```

6. 以下源代码中有 2 处错误，请把它们指出来并改正。

```
#include < Arduino.h >
#include < STUD.h >
void STUD:study()
{
    Serial.println("小明学习很认真");
    delay(1000);
}
```

成员函数的调用

Arduino 类库的作用是控制某个硬件。本课以编写一个 LED 灯的类库为例，了解编写硬件库的过程，掌握成员函数的调用方法。

2.1 基本要点

2.1.1 定义 LED 类

LED 类的主要任务：一是声明变量，一是声明成员函数。

1. 声明变量

在类中声明的变量是全局变量，即在成员函数定义中使用的变量。用于 LED 灯引脚控制的变量是一个全局变量。它既要在 LED 灯的引脚定义函数中使用，也要在控制 LED 灯状态（亮灭）的函数中使用。

这类变量一般为私有成员，即

```
private:
    int ledPin;              //LED 灯引脚变量
```

2. 声明成员函数

声明成员函数时要明确需要哪些成员函数，函数的类型是什么。

1）声明 LED 灯引脚的成员函数

```
void pin(int p);
```

函数类型为空类型，函数名为 pin，int p 为函数的形参，变量 p 代表引脚号，是成员函数的局部变量。

该函数的作用是在 setup( )函数内定义 LED 灯连接到主控板的输入/输出引脚。

2）声明控制 LED 灯状态的成员函数

```
void state(int sta);
```

函数类型为空类型，函数名为 state，int sta 为函数的形参，变量 sta 代表引脚状态，是成员函数的局部变量。

该函数的作用是点亮或熄灭 LED 灯。

3. LED 类的定义

LED 类的定义如下。

```
class LED
{
    private:
        int ledPin;                 //LED 灯的引脚变量
    public:
        void pin(int p);            //LED 灯的引脚定义函数
        void state(int sta);        //LED 灯的状态控制函数
};
```

2.1.2 定义成员函数

1. 定义成员函数首部

成员函数首部的形式为：在 LED 类声明的成员函数原型中，添加类名 LED、作用域解析运算符 "::"，即

```
void LED::pin(int p)
void LED::state(int sta)
```

一个成员函数可以没有形参，也可以有一个或多个形参。定义成员函数首部时，如有形参则要遵照语法规则定义形参。形参由主调函数调用时传递实参。

2. 定义成员函数体

成员函数体是实现函数功能的载体。一个成员函数负责实现一种特定的功能。pin(int p) 函数的功能是定义一只 LED 灯的引脚及引脚的工作模式；state() 函数的功能是控制 LED 灯的亮灭。

3. pin() 函数的定义

pin() 函数的定义如下。

```
void LED::pin(int p)            //形参 p 接收主调函数传递的实参
{
    ledPin = p;
    pinMode(ledPin,OUTPUT);     //定义引脚为输出模式
}
```

4. state() 函数的定义

state() 函数的定义如下。

```
void LED::state(int sta)    //形参 sta 接收主调函数传递的实参
{
    if(sta == HIGH)
    digitalWrite(ledPin,HIGH);    //点亮 LED 灯
    if(sta == LOW)
    digitalWrite(ledPin,LOW);     //熄灭 LED 灯
}
```

2.2　成员函数的调用

1. 主调函数

调用成员函数的主调函数是框架程序中的 setup( ) 函数和 loop( ) 函数。在 setup( ) 函数中调用具有初始化属性的成员函数，在 loop( ) 函数中调用具有行为属性的成员函数。

例如，pin( ) 是一个定义 LED 灯引脚的成员函数，应在 setup( ) 函数中调用；state( ) 是一个控制 LED 灯亮灭的成员函数，应在 loop( ) 函数中调用。

2. 调用形式

Arduino 第三方库的成员函数需要用类的对象（又称实例）名进行调用。

调用的一般形式如下。

```
对象名 . 成员函数名(参数列表)
```

在一般形式中，对象名为类的对象名，圆点"."为对象成员运算符，成员函数名为类的成员函数名如 pin( )、state( )。

如果定义 LED 类的对象名为 led，则 LED 类库的成员函数调用方式如下。

```
led.pin(3);              //在 setup()中调用引脚定义函数
led.state(HIGH);         //在 loop()中调用 LED 灯状态函数
```

3. 调用成员函数前的准备

如果使用 Arduino 第三方库，则在调用类库的成员函数时，必须先了解成员函数的功能是什么，是否有形参，形参的个数、数据类型、意义分别是什么，重点了解需要用到的那些成员函数。

例如，别人使用你所编写的 LED 类库时，需要了解以下几个方面内容。

（1）该 LED 类库只能控制 1 只 LED 灯；

（2）该 LED 类库共有 2 个成员函数，即 pin( )、state( )；

（3）函数 pin( ) 的功能是定义 LED 灯的一个引脚，有 1 个形参 int p，变量 p 表示引脚号；

（4）函数 state( ) 的功能是控制 LED 灯的工作状态，有 1 个形参 int sta，变量 sta 表示 HIGH（高电平）或 LOW（低电平）。

2.3　编程实训

【实训 2 - 1】　编写一个 LED 灯的类库，实现控制 1 只 LED 灯亮灭的功能。

2.3.1　编辑 LED 类库文件

编辑 LED 类库文件，就是编写一个定义 LED 类的".h"头文件和一个定义成员函数的".cpp"文件（省去其他形式的文件）。

在 Arduino IDE 中，分别将 2.1.1 节中定义的 LED 类编辑成头文件，将 2.1.2 节中定义的成员函数 pin( )、state( )编辑成 ".cpp" 文件，如下所示。

1. LED 类库的头文件

源代码如下。

```
/***********************
LED 类库的头文件 LED.h
*********************** /
#ifndef LED_h
#define LED_h
class LED
{
private：
    int ledPin；
public：
    void pin(int p)；
    void state(int sta)；
}；
#endif
```

源代码说明如下。

（1）用条件编译命令#ifndef…#endif 编译头文件。

这个编译命令的意思是，如果 LED_h 没有被#define 命令定义过，则对#ifndef 后面的源代码进行编译。

（2）LED 类中声明了 1 个私有成员变量 ledPin，2 个公有成员函数 pin( )、state( )。

这种形式与 C 语言程序中的全局变量声明和函数原型声明是一样的，不同之处只是把它们放到了一个单独的文件中。这样做便于别人使用这个类库。

2. LED 类库的源文件

源代码如下。

```
/***********************
 LED 类库的源文件 LED.cpp
 *********************** /
#include <Arduino.h >
#include"LED.h"

void LED::pin(int p)
{
    ledPin =p；
    pinMode(ledPin,OUTPUT)；
}

void LED::state(int sta)
{
    if(sta ==HIGH)
```

```
  digitalWrite(ledPin,HIGH);
  if(sta==LOW)
  digitalWrite(ledPin,LOW);
}
```

2.3.2 编辑 Arduino 文件

LED 类库的库函数要在 Arduino 框架程序中调用。对于调用 LED 类库来说，程序应该包括以下内容。

1. 包含 LED 类库头文件

在程序首部用文件包含命令，将 LED 类库的头文件包含进来：

```
#include"LED.h"
```

2. 类库实例化

在程序首部为 LED 类库的对象命名一个对象名。根据硬件的类型，将 LED 类库的对象命名为 led，即实例化为 led。实例化的形式如下。

```
LED  led;      //LED 为类库名,led 为实例(类的对象)
```

3. 定义 LED 灯的引脚

在 setup( )函数中用实例名 led 调用 LED 类库的成员函数 pin( )，将 LED 灯的引脚定义为主控板的引脚 3：

```
led.pin(3);
```

4. 在 loop( )函数中调用成员函数，执行对 LED 灯的操作。

Arduino 文件源代码如下。

```
/* Arduino 文件 */
#include"LED.h"              //包含 LED.h 头文件
LED led;                     //用 led 实例化 LED
void setup(){
  led.pin(3);                //定义 LED 灯的引脚
}
void loop(){
  led.state(HIGH);           //点亮 LED 灯
  delay(1000);
  led.state(LOW);            //熄灭 LED 灯
  delay(500);
}
```

2.3.3 运行程序

(1) 电路搭设。

将 LED 灯插在面包板上，将其长引脚连接主控板的引脚 3，将其短引脚连接主控板的引脚 GND，如图 2 - 1 所示。

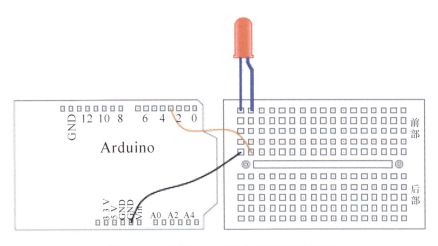

图 2-1 实训 2-1 程度电路搭设示意

（2）上传程序。验证程序后将程序上传到主控板。LED 灯会反复亮 1000 ms，熄灭 500 ms。

（3）修改框架程序，让 LED 灯亮 500 ms，熄灭 300 ms。

课后练习

1. 成员函数的调用形式由哪几部分组成？

2. 调用成员函数时要知道成员函数的哪些基本内容？

3. 调用一个 Arduino 类库的成员函数一般有哪些步骤？

4. 本课中编写的 LED 类库是否可以用于蜂鸣器？如果不可以，说明原因；如果可以，请重新对类库对象命名后试一试。

Arduino 类库的安装

3.1 基本要点

Arduino 第三方库的安装方式一般有两种：一种是类库源文件安装方式；另一种是压缩文件（. zip）安装方式。源文件安装方式是在 Arduino 的安装目录下安装，压缩文件安装方式可以直接在 Arduino IDE 中安装。

现在，用上一课编写的 LED 类库进行两种安装方式的练习，了解与掌握 Arduino 类库的安装方法。

3.2 安装 Arduino 类库

3.2.1 以源文件安装方式安装 Arduino 类库

1. 创建安装文件夹

找到安装 Arduino IDE 的目录，从这里逐级打开安装目录，找到 "libraries" 文件夹，打开路径为 "…\Arduino IDE 1.8.19\Arduino"，如图 3 – 1 所示。

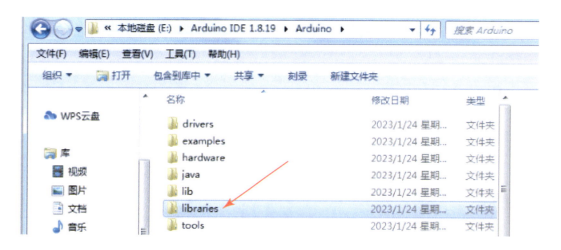

图 3 – 1　Arduino 类库安装路径示意

双击打开"libraries"文件夹，单击目录上方的"新建文件夹"按钮新建一个文件夹，再将这个文件夹名修改为"LED"，如图3-2所示。

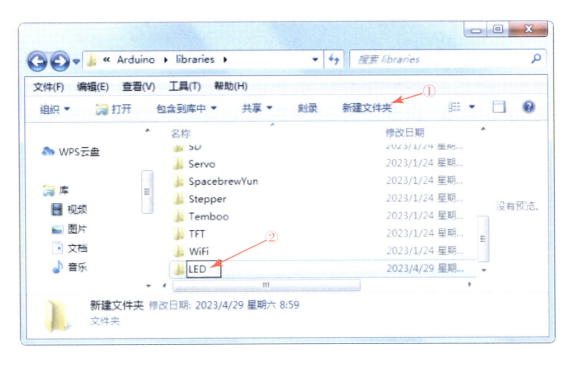

图3-2　创建新文件夹示意

2. 将 LED 类库文件复制到"LED"根目录

打开上一课保存的 LED 类库文件，然后将"LED. cpp"文件（C ++ Source File）、"LED. h"文件（C Header File）分别复制到安装目录中的"LED"根目录下，这时 LED 类库就安装好了，如图3-3所示。

（a）　　　　　　　　　　　　　　　　　　（b）

图3-3　LED 类库文件复制和安装示意

（a）复制类库文件；（b）将类库文件安装到"LED"根目录下

3. 查看 LED 库

打开 Arduino IDE，选择菜单栏中的"项目"→"加载库"选项，弹出类库名录。新安装的 LED 类库显示在类库名录下方的"贡献库"中，如图3-4所示。

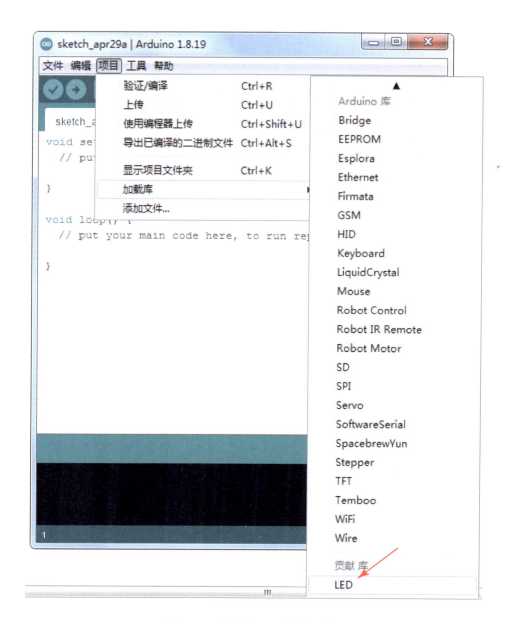

图 3 - 4　查看 LED 类库示意

3.2.2　以压缩文件安装方式安装 Arduino 类库

自己编写的 LED 类库没有压缩文件，现在把它制作成一个压缩文件，了解以压缩文件安装方式安装 Arduino 类库的方法。

从文件保存目录中找到 LED 类库文件，如图 3 - 3（a）所示，然后用鼠标右键单击这两个文件，在弹出的菜单中选择"添加到到压缩文件（A）"选项，如图 3 - 5 所示。

弹出创建压缩文件对话框，将文件名修改为"LED2. zip"，再单击"立即压缩"按钮，原来的文件目录里就生成了一个 LED2 压缩包，如图 3 - 6 所示。

1. 从 Arduino IDE 安装

打开 Arduino IDE，选择菜单栏中的"项目"→"加载库"选项，弹出类库名录，再选择"添加 . ZIP 库…"选项，如图 3 - 7 所示。

图 3 – 5　选择"添加到压缩文件"选项

图 3 – 6　LED 压缩包示意

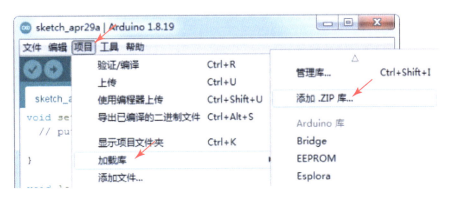

图 3 – 7　选择"添加 . ZIP 库"选项

　　弹出压缩文件查找对话框，如图 3 – 8 所示。单击"查找"右边的文件路径选择框，从下方弹出的路径中逐级查找压缩文件"LED. zip"。

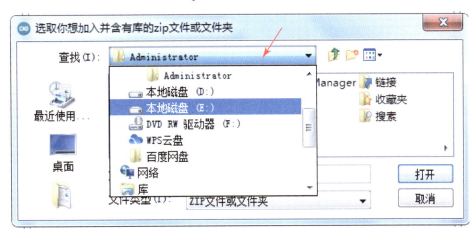

图 3 – 8　查找压缩文件"LED2. zip"

找到"LED2. zip"压缩包并选中它，这时下方的"文件名"框中的文件名为"LED2. zip"，最后单击右下方的"打开"按钮，LED2 类库文件就被安装好了，如图 3 – 9 所示。

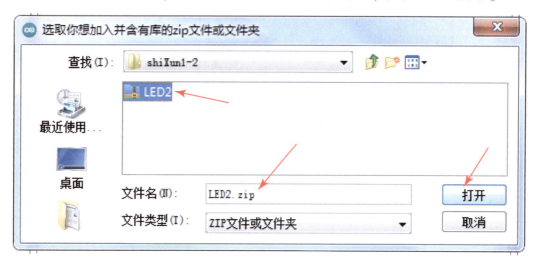

图 3 – 9 解压安装 LED2 类库

2. 查看 LED2 类库

按照图 3 – 5 所示的步骤打开类库名录，在"贡献库"下方添加了一个 LED2 类库，如图 3 – 10 所示。

图 3 – 10 查看 LED2 类库

3.3 编程实训

【实训 3 – 1】 调用 LED 类库的成员函数，用触碰传感器控制一只 LED 灯的亮灭。

1. 编写程序

1）分析

（1）LED 类库的成员函数及其功能。

LED 类库有两个成员函数 pin(int p)、state、(int sta)，介绍如下。

①pin(int p)。

pin( )函数为 LED 灯的引脚定义函数，参数变量 p 为引脚号。该函数的功能是定义引脚及引脚的工作模式。

②state(int sta)。

state( )函数为 LED 灯的工作状态函数，参数变量 sta 为引脚的工作状态。该函数的功能是控制 LED 灯的状态。当变量 sta 为 HIGH 时点亮 LED 灯，当变量 sta 为 LOW 时熄灭 LED 灯。

（2）成员函数调用步骤。

①引用 LED 类库。

在程序首部，用#include < LED. h >将 LED 类库包含进来。注意，在 Arduino IDE 中安装了 LED 类库后，头文件可以用尖括号括起来，即< LED. h >，当然也可以用双引号的形式，即"LED. h"。

②创建实例。

在程序首部命名 LED 类库的一个实例如 led，用于调用成员函数。实例名根据自己的喜好而定，也可以是其他形式的名称。

③定义 LED 灯的引脚。

在 setup（）函数中用成员函数 pin（）定义 LED 灯的引脚。注意，不要再使用 pinMode（）函数。

④在 loop（）函数中调用成员函数实现相应功能。

在 loop（）函数中调用 LED 类库的成员函数，实现 LED 灯的点亮或熄灭。注意，不要再使用 digitalWrite（）函数。

2）源代码

程序代码如下。

```
/* 实训程序 1 - 3 * /
#include < LED. h >              // 包含 LED 类库的头文件
LED led;                        // 建立 LED 类库的实例 led
int sensor = 5;                 // 定义触碰传感器的引脚
int a;                          // 声明触碰传感器信号变量
void setup( ) {
   led.pin(3);                  // 定义 LED 灯引脚
}


void loop( ) {
   a = digitalRead( sensor);
   delay(200);
   if(a == 0)
   {
      led.state(HIGH);          // 点亮 LED 灯
      delay(2000);
      led.state(LOW);           // 熄灭 LED 灯
   }
}
```

说明如下。

源代码中头文件包含命令可以直接从键盘输入，也可以在菜单栏中选择"项目"→"加载库"→"LED"选项，自动输入头文件包含命令。

在 setup（）函数中，用实例 led 通过运算符"."调用引脚定义函数 pin（）；在 loop（）函数中，用实例 led 通过运算符"."调用引脚状态函数 state（），高电平点亮 LED 灯，低电平熄灭 LED 灯。

2. 电路搭设

1) 连接 LED 灯

将 LED 灯插在面包板上，长引脚连接主控板的引脚 3，短引脚连接主控板的引脚 GND。

2) 连接触碰传感器

将触碰传感器插在面包板上，信号引脚 OUT、电源引脚 VCC、接地引脚 GND 分别连接主控板的引脚 5、5 V、GND，如图 3 - 11 所示。

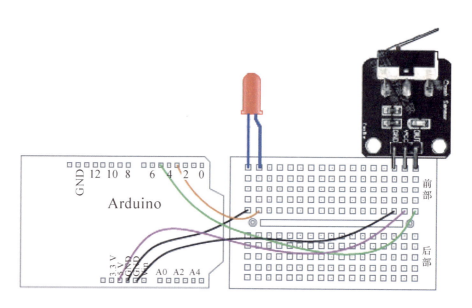

图 3 - 11　实训 1 - 3 程序电路搭设示意

3. 运行程序

上传程序。当触碰传感器被按下时，LED 灯亮 2000 ms 后熄灭。

课后练习

1. Arduino 类库的安装方式有哪几种？

2. 在程序设计中，使用 Arduino 第三方库（包括扩展库）时要包含什么文件？

3. 在程序设计中，调用 Arduino 标准库的成员函数如 digitalWrite( )，与调用 Arduino 第三方库的成员函数如 LED 类库的 state( ) 函数有什么区别？

4. 下面是一个控制教学小车左、右电动机的 Motor 类库。（1）在 Arduino 安装目录下进行安装；（2）在 Arudino IDE 中进行安装；（3）上机体验。（以下 3 个文件可由老师提供电子文档）

```
/*Motor.h 文件*/
#ifndef Motor_H_
#define Motor_H_
class Motor
{
  private:
```

```cpp
    int sLPin;
    int sRPin;
    int dLPin1;
    int dLPin2;
    int dRPin3;
    int dRPin4;
  public:
    void pin(int dlp1,int dlp2,int slp,int srp,int drp3,int drp4);
    void forward(int Speed);
    void turnLeft(int Speed);
    void turnRight(int Speed);
    void back(int Speed);
    void _stop();
};
#endif
/* Motor.cpp 文件 */
#include <Arduino.h>
#include"Motor.h"
void Motor::pin(int dlp1,int dlp2,int slp,
                int srp,int drp3,int drp4)
{
  sLPin = slp;
  sRPin = srp;
  dLPin1 = dlp1;
  dLPin2 = dlp2;
  dRPin3 = drp3;
  dRPin4 = drp4;

  pinMode(dLPin1,OUTPUT);
  pinMode(dLPin2,OUTPUT);
  pinMode(dRPin3,OUTPUT);
  pinMode(dRPin4,OUTPUT);
}
void Motor::forward(int Speed)
{
    digitalWrite(dLPin1,HIGH);
    digitalWrite(dLPin2,LOW);
    analogWrite(sLPin,Speed);

    digitalWrite(dRPin3,LOW);
    digitalWrite(dRPin4,HIGH);
    analogWrite(sRPin,Speed);
}
void Motor::turnLeft(int Speed)
{
    digitalWrite(dLPin1,LOW);
    digitalWrite(dLPin2,LOW);
    analogWrite(sLPin,0);

    digitalWrite(dRPin3,LOW);
```

```
        digitalWrite(dRPin4,HIGH);
        analogWrite(sRPin,Speed);
}
void Motor::turnRight(int Speed)
{
        digitalWrite(dLPin1,HIGH);
        digitalWrite(dLPin2,LOW);
        analogWrite(sLPin,Speed);

        digitalWrite(dRPin3,LOW);
        digitalWrite(dRPin4,LOW);
        analogWrite(sRPin,0);
}
void Motor::back(int Speed)
{
        digitalWrite(dLPin1,LOW);
        digitalWrite(dLPin2,HIGH);
        analogWrite(sLPin,Speed);

        digitalWrite(dRPin3,HIGH);
        digitalWrite(dRPin4,LOW);
        analogWrite(sRPin,Speed);
}
void Motor::_stop()
{
        digitalWrite(dLPin1,LOW);
        digitalWrite(dLPin2,LOW);

        digitalWrite(dRPin3,LOW);
        digitalWrite(dRPin4,LOW);
}


/*********** Arduino 文件 *******************
引脚定义函数原型:
void pin(int dlp1,int dlp2,int slp,
        int srp,int drp3,int drp4)
    dlp1、dlp2、slp、srp、drp3、drp4 依次为
    左电机 IN1、IN2、EN1;右电机 EN2、IN3、IN4
小车前进的函数原型:
void forward(int Speed);        //Speed 为速度参数
小车左转的函数原型:
void turnLeft(int Speed);
小车右转的函数原型:
void turnRight(int Speed);
小车后退的函数原型:
void back(int Speed);
停车函数原型:
void _stop();
******************************************** */
#include"Motor.h"
```

```
Motor motor;
void setup() {
    motor.pin(3,4,5,6,7,8);              //定义左、右电动机引脚
}
void loop() {
    motor.forward(120);                  //前进
    delay(2000);
    motor.turnLeft(120);                 //左转
    delay(1500);
    motor.turnRight(120);                //右转
    delay(1500);
    motor.back(120);                     //后退
    delay(2000);
    motor._stop();                       //停车
    while(1);
}
```

第 2 单元
Arduino 标准库

- 串口的相关概念
- 串口库的应用

第4课

串口库

4.1 基本要点

4.1.1 什么是串口

串口是指串行通信接口。串口的作用是发送数据和接收数据。

每个主控板至少有一个硬件串口（COM 接口）。在 Arduino IDE 中上传程序代码时，通过计算机的串口和主控板的串口，将编译后的 Arduino C 程序发送到给主控板，如图 4-1 所示。

图 4-1　串口示意

4.1.2 串行通信

串行通信是指数据传输的一种方式。串行通信是用一条数据线将数据一位一位地依次传输，每一位数据占据一个固定的时间长度。

在图 4-1 所示的串行通信中，用一根数据线从 PC（个人计算机）向主控板传输数据；用另一根数据线从主控板向 PC 传输数据。

数据传输方式除了串行通信外还有并行通信，并行接口简称并口。并口可同时传输多位数据，但需要多根数据线。

以传输一个字节"11001100"为例，串行通行方式是在一根数据线上连续传输 8 次；并行通行方式是由 8 根数据线同时传输数据，每根数据线传输一位数据，即传输次数为 1 次，如图 4 - 2 所示。

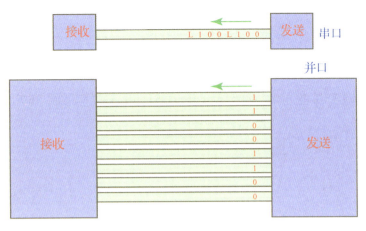

图 4 - 2　串口与并口示意

这里提及"并口"是为了加深对"串口"的理解，不要过多地关注它。

4.1.3　串口引脚与数据的发送和接收

1. 串口引脚

主控板的硬件串口连接 USB 口和主控板的转换芯片。串口引脚是数字引脚 0 和 1。引脚 0 是接收引脚，标识为 RX；引脚 1 是发送引脚，标识为 TX。这些引脚同时连接两个小 LED 灯，每次上传程序时 LED 灯会快速闪烁。

主控板的串口引脚可以连接计算机的 USB 口，也可以连接其他外部元件。

如果主控板的串口与一个外部串口连接，则两个串口的引脚要交叉连接，即主控板串口的引脚 TX 与外部串口的引脚 RX 连接，主控板的引脚 RX 与外部串口的引脚 TX 连接，如图 4 - 3 所示。

图 4 - 3　串口连接示意

注意：当向主控板上传程序时，数字引脚 0（RX）、1（TX）不能连接其他外部元器件，果如已连接，应先取下这两个引脚上的跳线，程序上传完成后再将它们重新连接。

2. 数据发送

1）发送数据的方法

串口发送数据有数值发送和字符值发送两种方法。现在主要了解字符值发送的方法。

例如，从串口发送一个数据"359"，实际上发送的是字符数据'3'、'5'、'9'。发送过程为依次发送 3、5、9 的 ACSII 值，即 51、53、57。

2）接收数据的方法

串口接收数据时也是一位一位地接收，接收的数据仍然是字符值。例如接收"359"这个数据，实际接收的数据为51、53、57。这时在接收端将转换为整数359。

例如，将'0'~'9'的 ASCII 值48~57转换为数值0~9，转换方法如下。

```
接收的数值 ='接收的字符值' - '0'
```

按照上面的方法，将359各位对应的 ASCII 值51$_a$53$_a$57$_a$还原成359（下标 a 表示这个数为 ASCII 值），即

```
3 ='3' - '0'                //第一次接收'3'
  =51 -48
35 =3 *10 +('5' - '0')       //第二次接收'5'
  =30 +5
359 =35 *10 +('9' - '0')     //第三次接收'9'
   =350 +9
```

4.1.4 Arduino 串口库

Arduino 串口库是 Arduino 标准库的一部分。

串口库包含在 Arduino 标准库内，并自动生成一个串口实例。因此，使用串口库时，不需要再声明库的实例。Arduino UNO 默认的串口实例叫作 Serial。

串口库的成员函数主要有 begin( )、available( )、read( )、print( )、println( )等。通过调用这些成员函数，可以实现串口的数据发送与接收功能。

4.2 成员函数

1. begin( )

begin( )是确定串口传输速度的函数。begin( )函数调用的一般形式如下。

```
Serial.begin(datarate)
```

在一般形式中，Serial 为串口库默认的实例名；参数 datarate 为传输速度。

计算机串口通信速度有多种（见串口监视器底部右侧的下拉列表），通常采用9600 bit/s，例如 Serial. begin（9600）。

2. available( )

available( )函数是串口数据查询函数。available( )函数调用的一般形式如下。

```
Serial.available()
```

该函数没有参数。该函数用于串口接收数据时检查串口是否有数据，如果串口有数据，则该函数返回1；如果串口没有数据，则该函数返回0。因此，串口接收数据时要用 if 语句进行判断。

例如：

```
if(Serial.begin())   //串口有数据时 Serial.begin()==1
{
    /*接收数据*/
}
```

3. read( )

read( )是读串口数据函数。read( )函数调用的一般形式如下。

```
Serial.read()
```

该函数没有参数。它的任务是每次从串口读取一位数。

由于 read( )函数每次只读取一位数，所以对每次读取的数要用一个变量进行存储，然后利用这个变量进行转换与累加。

1）将读取的数据存入一个变量

定义一个变量，然后将读取的数据存入这个变量。例如：

```
byte   r = Serial.begin()
```

在上面的代码中，byte 为字节型数据类型，它是 read( )函数返回值的默认数据类型；r 为每次读数的存储变量。需要注意的是，存储到变量 r 中的是一个 ASCII 字符值。

2）将字符值转换为数值

定义一个变量，根据4.1.3节中对接收数据的方法分析，利用这个变量对 r 中的数据进行转换并累加。例如：

```
int   a = a*10 +( r –'0')
```

4. print( )/println( )

print( )/println( )函数的功能是打印 ASCII 码字符到主控板所连接的串口元器件上。println( )函数用于打印一行信息，打印完指定的信息后返回到下一行的开始处。它与 print( )函数的用法没有什么不同，因此这里只介绍 print( )函数。

print( )函数的调用形式如下。

```
Serial.print(date)
```

print( )函数的参数 date 有多种不同的形式，如下所示：

```
Serial.print(33)          //默认发送方式,打印的是字
                          //字符 3 和 3,而不是整数 33
Serial.print(3.14159)     //打印 3.14,默认保留 2 位小数
Serial.print(3.14159,4)   //打印 3.1416,指定保留 2 位小数
Serial.print('a')         //打印 a
Serial.print("Hello")     //打印字符串"Hello"
```

4.3 编程实训

【实训 4 –1】 在串口监视器中发送一个正整数，然后把它打印出来。

1. 编写程序

1）分析

当主控板与 PC 通过数据线连接后，打开串口监视器可以向主控板串口发送数据，如图 4-4 所示。

图 4-4　串口发送数据示意

在图 4-4 中，在发送区输入一个十进制数 32，单击"发送"按钮后，PC 的串口依次向主控板的串口发送 3 和 2。这时，主控板的串口接收到的是 3 的 ASCII 码值 51 和 2 的 ASCII 码值 50。

如果要将主控板的串口接收到的数据打印出来，或用这个数据去做其他的事情，就要将这些 ASCII 值还原成数字值，然后输出这个数据。

2）源代码

程序代码如下。

```
/*实训程序 4-1*/
byte r;                    //字符变量
int a = 0;                 //转换后的数字变量
void setup() {
  Serial.begin(9600);      //建立串口通信速度
}


void loop() {
  if(Serial.available())       //检查串口是否有数据可读
  {
    r = Serial.read();         //读第一个数并赋值给 r
    while(r! = '\n')           //进入循环并判断是否是结束字符'\n'
    {
      if(r >= '0'&&r <= '9')
        a = a * 10 +(r - '0');
      r = Serial.read();
    }
    Serial.println(a);
    a = 0;                     //变量 a 清零,为接收下一个数据做准备
  }
}
```

说明如下。

（1）声明变量。

程序首部声明了一个字符变量和一个数值变量。要注意，字符变量的数据类型为字节型 byte。

（2）初始化串口传输速度。

在 setup( ) 函数中调用串口库成员函数 begin( )，初始化串口传输速度为 9600。

（3）接收/转换/发送数据。

在 loop( ) 函数中实现数据的接收、ASCII 值的转换和数据的发送（输出）。

①第一个 if 语句用条件表达式调用成员函数 available( )，检查串口是否有数据可读。如果有则函数 available( ) 返回值为 1，程序执行第一次接收数据指令 "r = Serial. read( );"，然后进入 while 循环，直到一个数据接收/转换结束为止。

②在 while 循环内，首先用循环条件表达式 r!= '\n'确定循环终值。

在串口监视器中单击"发送"按钮后，串口监视器会发送一个不可见的换行符'\n'。当 read( ) 函数接收到这个字符时说明本次数据已接收完毕，循环结束。

③ while 循环体内的 if 语句判断接收到的是否为 0~9 的字符，如果是则进行转换，然后赋给变量 a，接下来继续接收下一个字符。

④在 while 循环体的下部，打印（向串口监视器发送）转换后的数据 a，然后变量 a 清零，准备接收下一个数据。

2. 运行程序

1）连接串口并上传程序

连接串口，实际上就是用数据线将主控板与 PC 连接，然后将程序上传到主控板。

2）打开串口监视器并发送数据

（1）单击 Arduino IDE 界面右上角的串口监视器按钮 ，打开串口监视器。

（2）在"发送"输入框中输入要发送的数据如"968"，然后单击"发送"按钮或按 Enter 键发送数据，如图 4 – 5 所示。

图 4 – 5 串口发送数据示意

（3）单击"发送"按钮后，串口监视器打印区显示数据"968"，如图 4 – 6 所示。

图 4 – 6 串口接收数据示意

1. 什么是串口？串口的作用是什么？

2. 串行通信的特点是什么？

3. 主控板的串口引脚是什么？哪个是发送引脚？哪个是接收引脚？

4. 主控板的串口与外部串口连接时怎样连接两个串口的引脚？

5. 本课列出了 Arduino 串口库的哪些成员函数？它们各自的功能是什么？

6. 在串口监视器的数据发送区中发送一个正整数 a，然后将一个比 a 大 1 的数从串口监视器中打印出来（参照"实训程序 4 – 1"，只在必要的地方进行修改）。

串口控制 LED 灯

【项目 5-1】 串口控制 LED 灯。在串口监视器中改变 LED 灯的亮度，并在串口监视器中将亮度值打印出来。

5.1 项目要点

1. 项目的意义

我们已经很熟悉在程序内部如何控制一只 LED 灯。例如，调用 Arduino 标准库函数 analogWrite( )，可以轻松地控制 LED 灯亮度的变化。但是，在程序运行过程中，再也无法去改变那些在程序中已经设置好的亮度值。

使用串口控制，能够在外部实现对 LED 灯的控制，即使程序正在运行，也能通过串口改变 LED 灯的亮度。

本项目使用主控板的串口引脚 0、1，了解串口引脚 TX（发送）、RX（接收）的使用方法。

2. 项目分析

（1）实现串口控制 LED 灯，要在串口监视器中发送 LED 灯的亮度值。因此，需要调用串口库的成员函数读/写串口数据。

（2）调用 analogWrite(pin, value) 函数控制 LED 灯的亮度时，函数参数 value 应为串口发送过来的数据。

（3）如果在项目运行中能多次改变 LED 灯的亮度，那么在下一次改变亮度之前，要清除上一次串口发送的数据。

（4）由于本项目直接使用主控板的串口引脚 0 和 1，而不是主控板已有的 USB 接口，因此需要使用一个额外的元件将 PC 串口与 0 和 1 两个引脚连接起来。

3. CH340G 模块

1）CH340G 模块的作用

CH340G 模块是一种可以将 PC 上的 USB 接口转换为串口的元件，如图 5-1 所示。

为了实现主控板的串口（引脚 0、1）与 PC 的 USB 接口（图 5-2）之间的通信，需要利用额外的元件将 USB 接口转换为串口。这里使用 CH340G 模块。

CH340G 模块的插口与 PC 的 USB 口插接，它的引脚用跳线与主控板的引脚 RX、TX、VCC、GND 连接。

图 5 – 1 CH340G 模块　　　　　　　　图 5 – 2 PC 的 USB 接口

2）CH340G 模块的引脚及功能

CH340G 模块的引脚及功能如下。

5 V，电源 VCC，主控板工作电压为 5 V 时接 5 V 引脚。

3v3，电源 VCC，主控板工作电压为 3.3 V 时接 3v3 引脚。

TXD,发送数据引脚，与主控板的引脚 RX 连接。

RXD,接收数据引脚，与主控板的引脚 TX 连接。

GND,电源地，接主控板的引脚 GND。

3）CH340G 模块与主控板引脚的连接

CH340G 模块与主控板引脚的连接示意如图 5 – 3 所示。

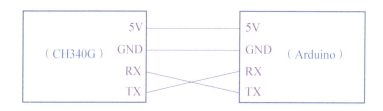

图 5 – 3 CH340G 模块与主控板引脚的连接示意

5.2 编写程序

1. 编程思路

1）声明变量

在程序首部声明字符变量为 r，数据类型为字符型（byte）；声明 LED 灯引脚变量为 led；声明 LED 灯引脚的模拟信号变量为 ledPWM。

2）建立串口通信

在 setup()函数内建立主控板的串口与 CH340G 模块的串口之间的通信。

3）接收数据并控制 LED 灯

在 loop( ) 函数中，首先判断主控板的串口是否有数据可读，如果有数据，则读第一个字符后再用一个 while 语句判断数据是否读完，然后在 while 语句中将字符值转换为数字值；最后，在 while 语句外部将接收到的数据用作控制 LED 灯的模拟信号，并在串口监视器中打印这个数据。

2. 源代码

程序代码如下。

```
/*项目程序 5 –1 */
byte r;                              //字符变量
int led =3;                          //LED 灯引脚号变量
int ledPWM;                          //LED 灯引脚模拟信号变量
void setup( ) {
  Serial.begin(9600);               //建立串口通信
}

void loop( ) {
  if(Serial.available())            //检查是否有数据接收
  {
    ledPWM =0;
    r =Serial.read();
    while(r! = '\n')                //检查是否读到最后一个字符
    {
      if(r >= '0'&&r <= '9')
        ledPWM = ledPWM * 10 +(r – '0');    //将字符值换算为数字值
      r =Serial.read();
    }
    Serial.println(ledPWM);         //串口将接收的数据发送给
                                    //analogWrite( )函数
  }
  analogWrite(led,ledPWM);          //调用 analogWrite( )函数改变
                                    //LED 灯的亮度
}
```

3. 程序注解

程序的首部和 setup( ) 函数部分是对变量的声明和串口通信的初始化。

loop( ) 函数内可分为串口通信与 LED 灯控制两大部分。

1）串口通信部分

串口通信部分为一个 if 语句（外层 if 语句）。外层 if 语句从检查有无数据接收入口，直到这个语句结束。

（1）外层 if 语句。外层 if 语句体内第一条语句为数据清零，即 ledPWM =0。注意，这与上一课"实训程序 4 –1"的数据清零（a =0）的位置有所变化。为什么呢？

分析一下源代码，如果将 ledPWM =0 放在"实训程序 4 –1"中 a =0 的位置会是什么情况呢？

```
...
Serial.println(ledPWM);
ledPWM = 0;                        //实训程序 4 - 1 中 a = 0 的位置
}
  analogWrite(led,ledPWM);
...
```

在上面的代码段中，按照程序的执行顺序，当 ledPWM = 0 后接下来执行 analogWrite(led,led-PWM)语句，这时 LED 灯就熄灭了，永远无法点亮。

（2）读第一个字符。一个数据不管有多少个字符，串口总是先读第一个字符，剩下的字符一律在 while 语句中读取。如数据 23、56789，总是先单独读第一个字符'2'或'5'，其余字符'3'或'6'、'7'、'8'、'9'则在 while 语句中读取并转换。

（3）while 语句。逐个读取每个字符，将它们逐个转换后赋给数字值变量 ledPWM，然后在串口监视器打印出来。

2）LED 灯控制部分

LED 灯控制部分的主要任务是控制 LED 灯的亮度。虽然该部分显得非常简单，但它是一个重要的组成部分，因为串口通信的目的是通过发送或接收信息来做这样或那样的事情。

5.3　项目体验

1. 电路搭设

1）连接 CH340G 模块

（1）CH340G 模块与主控板连接。

如果将 CH340G 模块直接插在一体式计算机上，用 30cm 的跳线连接 CH340G 模块与主控板的引脚。

将 CH340G 模块的引脚 5 V、GND 对应连接主控板的引脚 5 V、GND 。引脚 RXD 连接主控板的引脚 TX(1)，引脚 TXD 连接主控板的引脚 RX(0)，如图 5 - 5 所示。

（2）CH340G 模块与计算机连接

对于一体式计算机，将 CH340G 模块的插口插入 USB 接口就行了；如果是分体式计算机，则应先将模块插在分线器（图 5 - 4）上，再将分线器的插口插入分体式计算机的 USB 接口。

图 5 - 4　CH340G 模块与分线器连接实物

2）连接 LED 灯

将 LED 灯插在面包板上，长引脚连接主控板的引脚 3，短引脚连接主控板的引脚 GND，如图 5-5 所示。

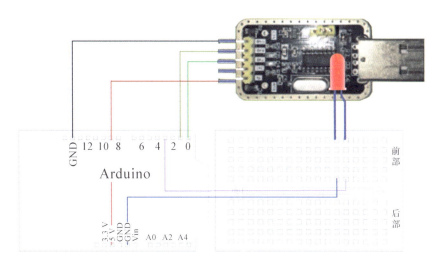

图 5-5　项目 5-1 程序电路搭设示意

2. 运行项目

（1）上传程序

上传程序时，主控板的串口引脚 0（RX）、1（TX）不能连接任何外部元件。因此，前面已连接的 CH340G 模块引脚跳线在上传程序前要取下来，然后将程序上传到主控板。

也可以先上传程序后再连接串口引脚线。

（2）打开串口监视器。

（3）在串口监视器数据发送区发送 0~255 的任一数据，LED 灯会出现不同的亮度，如图 5-6 所示（注意：为了避免损害 LED 灯，数字不要过大）。

图 5-6　串口控制 LED 灯的亮度示意

（a）发送数据 5 后 LED 灯的亮度；（b）发送数据 100 后 LED 灯的亮度

1. 根据自己的理解，说一说 CH340G 模块的作用是什么。

2. 在图 5 – 7 中，将主控板的串口与 CH340G 模块引脚连错误的地方指出来，并改正。

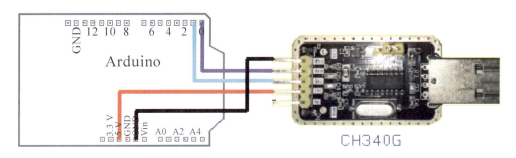

图 5 – 7　第 2 题图

3. 如果一个项目的程序中使用了串口通信，那么上传这个程序时要注意什么问题？

4. 编写程序：用串口控制 LED 灯的亮灭。当串口发送数据 1 时，LED 灯点亮；当串口发送数据 0 时，LED 灯熄灭。

第 3 单元
Arduino 扩展库

- 舵机库

- 舵机库的应用

第 6 课

舵机库

6.1 基本要点

6.1.1 舵机的基本原理

舵机,又称为伺服电动机,是一种精确定位角度的执行器。舵机由直流电动机、减速齿轮组、传感器和控制电路组成。舵机在微机电系统和航模中常用作基本的输出执行机构。

1. 舵机的特征参数

1)舵机的转动范围

典型的舵机只能转动 180°,也有能转动 90°或 360°的舵机。我们在学习中使用的是 MG90S 舵机,它的转动角度为 180°,如图 6 - 1 所示。

图 6 - 1 MG90S 舵机实物

2)舵机的引脚与工作电压

舵机引出 3 根不同颜色的引脚线,其中:黄色线为信号线,可以连接主控板的任一个数字引脚;红色线为电源线 VCC,MG90S 舵机的电压范围为 4.8 ~ 6 V;褐色线为电源地 GND,连接主控板的引脚 GND。

3)舵机的反应速度

舵机的反应速度指舵机每转过一定角度所需要的时间。MG90S 舵机的反应速度为 0.11 s/60°,即 1.8 ms/1°。在后面的使用中,取 2 ms/1°进行计算。

例如,舵机从 45°转动到 135°,所需反应时间为 90 × 2 = 180(ms)。

2. 舵机的转动

控制舵机转动的典型方法，是发给舵机一个变化的、固定周期的脉宽信号，舵机根据这个信号转动到相应的位置。

对于脉宽信号，在一个脉冲周期内，占空比越大，说明高电平所持续的时间越长。如果控制一只 LED 灯，那么 LED 灯的亮度就越高。

舵机转动角度的大小也是由占空比控制的。在一个固定的脉冲周期（一般为 20 ms）内，占空比越大，舵机转动的角度也就越大。

以 MG90S 舵机为例，在 20 ms 的脉冲周期内，高电平宽度为 0.5 ~ 2.5 ms 时，舵机转动的角度范围为 0°~ 180°。

如图 6 - 2 所示，当脉冲宽度为 0.5 ms 时，舵机臂处于 0°位置；当脉冲宽度为 1.5 ms 时，舵机臂处于 90°位置；当脉冲宽度为 2.5 ms 时，舵机臂处 180°位置；

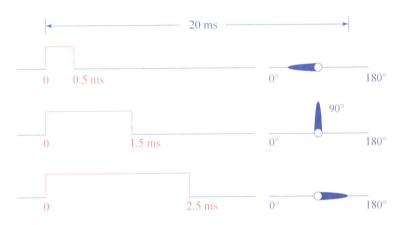

图 6 - 2　脉冲宽度与转动角度关系示意

3. 舵机的转动方向

舵机的转动方向与数学上的定义是一致的。舵机臂逆时针转动时角度增大，顺时针转动时角度变小，如图 6 - 3 所示。

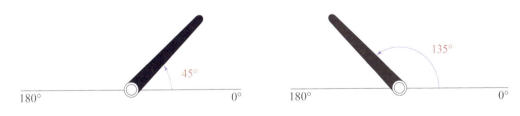

图 6 - 3　舵机转动方向示意

4. 注意事项

（1）在控制舵机运动的过程中，不能用 analogWrite( ) 函数输出模拟（PWM）信号到舵机的信号线上，否则可能损坏舵机。

（2）舵机库可以在主控板的任何数字引脚上控制舵机。但是，当主控板连接舵机后，不能将数字引脚 9 和 10 用于对其他执行器的模拟输出，因为舵机库函数禁用这两个引脚上的 PWM 功能。

6.1.2 舵机库

由于舵机库不是 Arduino 内建的标准库，所以使用舵机库前必须知道它的库名，实例化舵机库的对象。

1. 类库名

舵机库名为 Servo，即伺服的意思，指伺服电动机即舵机。使用舵机库时，要在程序首部用文件包含命令将库文件包含进来。例如：

```
#include < Servo.h >
```

2. 对象名

舵机对象名可以根据自己的喜好而定，但最好便于自己和别人阅读。对象一般可用 servo 命名，即第一个字母以小写区别于类库名。如果同时使用 2 个舵机，则可用 servo1、servo2 命名。

使用舵机库时，需要用到的成员函数有 attach( )、write( )等。

6.2 成员函数

1. attach( )函数

attach( )函数的功能是定义一个舵机信号引脚，即告诉对象给它分配的是主控板的哪一个引脚。

舵机引脚定义的一般形式如下。

```
name.attach(pin)
```

其中，name 为库的对象名，"."为成员函数运算符，参数 pin 为引脚号。如果对象名为 servo，引脚号为 9，则舵机引脚的声明为

```
servo.attach(9)
```

2. write( )函数

write( )函数的功能是指定舵机的角度。它的一般形式如下。

```
name.write(angle)
```

其中，name 为对象名，"."为成员函数运算符，参数 angle 为舵机角度的位置，单位为"度"。

例如，指定舵机臂的位置为30°，执行下面的语句：

```
servo.write(30)
```

然后，舵机臂会从0°位置或其他位置到达30°位置。注意，如果这时让舵机臂到达50°位置，则参数 angle 应为50而不是20，即

```
…
servo.write(30);
```

```
delay(40);              //舵机臂从30°位置转动到50°位置的反应时间
servo.write(50);
...
```

6.3 编程实训

【实训6-1】 编写程序，控制舵机臂在45°~135°位置之间来回摆动。

1. 编写程序

1）分析

舵机臂摆动的起始角度为45°，先在setup( )函数中调用成员函数attach( )定义舵机信号引脚后，再调用成员函数write( )，初始化舵机臂的位置为45°。

在loop( )函数中调用成员函数write( )控制舵机臂摆动幅度。

2）源代码

程序代码如下。

```
/*实训程序6-1*/
#include<Servo.h>          //包含舵机库头文件
Servo servo;               //舵机对象名
int i=0;                   //舵机臂挥动次数变量
void setup(){
  servo.attach(9);         //定义舵机引脚
  servo.write(45);         //初始化舵机臂位置
}

void loop(){
 servo.write(135);
 delay(180);
 servo.write(45);
 delay(180);
 i++;
 if(i==10)
 while(1);
}
```

说明如下。

程序首部#include<Servo.h>为包含舵机库头文件。因为舵机库不是Arduino的内建库，所以在程序首部应将舵机库的头文件包含进来。

接下来命名舵机对象，即servo。在使用Arduino类库时，除了Arduino的内建（标准）库外，Arduino第三方库都要为类的对象命名，使类有一个确定的对象。

在loop( )函数中分别调用成员函数write( )指定舵机臂的位置角度，然后给出一个延时时间。注意：延时时间要根据不同舵机型号的性能确定。如果要求不是十分严格，最好比计算值适当大一点。

最后，i++语句是为了记录舵机臂来回摆动的次数。它的作用是让舵机运动一会儿后停下来。

2. 搭设电路

1）固定舵机

用 2 块 2×8 板和 2 根销子，将舵机固定在教学小车的右前方，如图 6-4 所示。

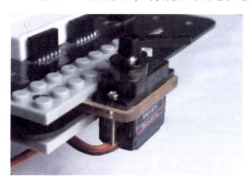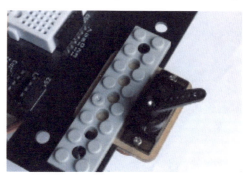

图 6-4 舵机固定示意

2）电路连接

将舵机信号线（黄色）、电源线（红色）、地线（褐色）依次连接主控板的引脚 9、5 V、GND，如图 6-5 所示。

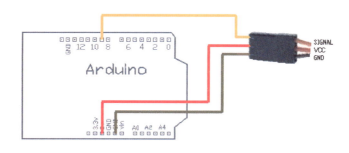

图 6-5 实训程序 6-1 电路搭设示意

3. 运行程序

上传程序。程序开始运行后，舵机臂从起始 45°位置到终点 90°位置，做往复摆动，摆动 10 次后停下来。

课后练习
////////////////////

1. 舵机的运动特点是什么？

2. 舵机转动角度的大小是由什么决定的？

3. MG90S 舵机分别在 45°、90°、135°位置时，它们的脉冲宽度分别是多少？

4. MG90S0 舵机的反应速度一般是多少？

5. 使用主控板控制舵机时有哪些注意事项？

6. 编写程序：MG90S 舵机臂从 45°位置转动到 90°位置，停 1000 ms，再从 90°位置转动到 135°位置，然后按同样的方式返回初始位置。

第7课

雨刷器

【项目7-1】 雨刷器。用舵机制作一个汽车挡风玻璃的雨刷器。当下小雨时，雨刷器每刮一次雨水用时 540 ms；下中雨时，雨刷器每刮一次雨水用时 360 ms；下大雨时，雨刷器每刮一次雨水用时 180 ms。

7.1 项目要点

1. 项目意义
熟悉舵机库的应用，掌握舵机的使用方法。

2. 项目分析
首先，用什么方式表示降雨的大小呢？有多种方式可以采用。

这里用随机数表示降雨的大小：随机数 1 表示小雨，随机数 2 表示中雨，随机数 3 表示大雨。然后，根据降雨的大小改变舵机的反应速度。

用循环语句控制舵机的速度，即舵机每转过一定的角度（比如 1°或 2°）后，用延时函数 delay( )延长一定的时间。这样，舵机的速度就变低或变高了。

7.2 编写程序

1. 编程思路
（1）文件包含与声明

在程序首部声明舵机库的头文件、库的对象及相关变量。

（2）在 setup( )函数中定义舵机的信号引脚，初始化舵机的位置角度及随机数种子值。

（3）用自定义函数实现雨刷器功能。

根据项目要求，雨刷器有 3 种不同的刮雨速度，需要用 3 个程序段实现这一功能。但是，在 3 段程序中除了雨刷器的速度不同外，其他部分则完全相同。因此，可以写一个函数实现雨刷器的功能。

在函数中将舵机的反应时间 t 作为形参。舵机转动的角度范围指定为 45°~135°。

（4）在 loop( )函数中根据生成的随机数调用函数，实现雨刷器的功能。

2. 源代码

程序代码如下。

```
/*项目程序7-1*/
#include < Servo.h >                      //包含舵机库头文件
Servo servo;                              //舵机对象名
const int sPin = 3;                       //舵机信号引脚
int a;

void setup() {
  servo.attach(sPin);                     //定义舵机引脚
  servo.write(45);                        //初始化舵机位置角度
  randomSeed(analogRead(A0));             //初始化随机数
}

void loop() {
  a = random(1,4);                        //生成随机数
  if(a ==1)  wiper(6);                    //调用函数
  if(a ==2)  wiper(4);
  if(a ==3)  wiper(2);
}

void wiper(int t)                         //自定义函数
{
  int i,n =1;
  while(n <=10)
  {
    for(i =45;i <=135;i ++)              //从45°位置转到135°位置
    {
      servo.write(i);
      delay(t);
    }
    for(i =135;i >=45;i --)             //从135°位置转到45°位置
    {
      servo.write(i);
      delay(t);
    }
    n ++;
  }
}
```

3. 程序注解

1）setup()函数

（1）servo. write(45)，将舵机位置角度初始化为45°。初始化的原因见后面的"项目体验"部分。

（2）randomSeed(analogRead(A0))，初始化随机函数。

2）loop()函数

（1）a = random(1,4)，将生成的1~3的随机数赋给变量 a。

（2）wiper（6），用 if 语句进行判断，如果是小雨（a 等于 1）则调用 wiper（）函数，并为 wiper（）函数的形参 t 传递实参值 6。以下调用的意义相同。

3）wiper（）函数

（1）wiper（int t）函数的功能只是驱动舵机，没有返回值，因此它是一个空类型函数。

形参 int t 是一个局部变量，它的作用域为整个 wiper（）函数。变量 t 用于控制舵机每转过一定角度后的延迟时间。

（2）在函数体内声明的两个局部变量 i 和 n 为局部变量，它们的作用域也为 wiper（）函数。

（3）while 循环语句用于控制每生成一个随机数后，舵机往返运动即刮雨的次数。

（4）for（i = 45；i <= 135；i++），控制舵机从 45°位置转动到 135°位置。用于舵机每转过 1°延时 t 毫秒，这样便可以改变舵机的反应速度。下一个 for 语句用于控制舵机向相反的方向转动。

7.3　项目体验

1. 搭建模型

1）舵机初始化

搭建雨刷器模型之前，先要对舵机的位置角度进行初始化。为什么要对舵机的位置角度进行初始化呢？

以图 7 - 1 为例，舵机通过齿轮传动，使雨刷器顺时针方向从 45°位置转动到 135°位置。如果设置舵机转动的初始角度为 45°，事先没有进行初始化，按图 7 - 1（a）将雨刷器安装好并运行程序后，雨刷器的初始位置可能达到图 7 - 1（b）所示的位置。这时，雨刷器无法顺时针转到 135°位置了。

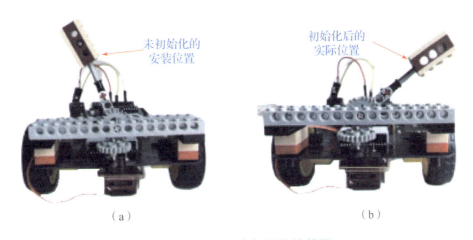

（a）　　　　　　　　　　　　（b）

图 7 - 1　舵机未初始化的效果

2）固定舵机

用 M2.5 × 12 mm 的螺丝及上、下垫片，将 24 齿齿轮固定在舵机轴的顶部。注意适当拧紧；再用 M2.5 × 12 mm 的螺丝及垫片，将舵机通过支架固定在教学小车头部，如图 7 - 2 所示。

图7-2 舵机固定示意

3）搭建雨刷器支架

分别用2两块2×4板、1块2×4梁（或3块2×4板）、2块2×6板、1根1×3连杆、2个销子搭建2个雨刷器支架，固定在教学小车头部的左、右两边，如图7-1、图7-3所示。

图7-3 雨刷器支架

4）搭建传动装置及雨刷器

用24齿冠状齿轮、十字棒、套筒、4孔薄连杆搭建传动装置，如图7-4所示。

用T形连接器、1×4梁、2块1×2板搭建雨刷器。用十字棒连接传动装置与雨刷器，如图7-4所示。

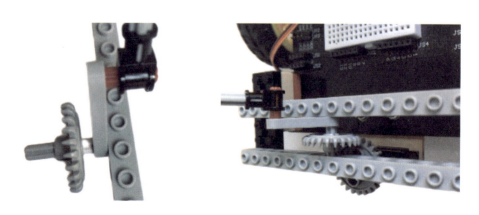

图7-4 传动装置与雨刷器搭建示意

5）组装

用 2 根 1 × 16 梁将各部分连接起来，如图 7 – 5 所示。

图 7 – 5 雨刷器组装示意

2. 搭设电路

将舵机的信号线（黄色）、电源线（红色）、接地线（褐色）依次连接主控板的引脚 3、5 V、GND，如图 7 – 6 所示。

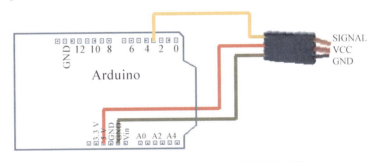

图 7 – 6 项目程序 7 – 1 电路搭设示意

3. 运行程序

上传程序。程序开始运行后，雨刷器根据不同的降雨强度调整速度。

如果要反复体验效果，可以拔下 USB 数据线，利用教学小车上的电源供电。

课后练习

1. 说一说舵机初始化的作用是什么。

2. 当舵机从 90°位置转动到 60°位置时，舵机臂做顺时针转动还是逆时针转动？

3. 编写一个舵机运动控制程序，让舵机臂在 270 ms 内从 30°位置均匀运动到 120°位置（提示：由于不要求舵机做往返运动，所以可以在 setup( ) 函数中编写）。

第8课

体操运动机器人

【项目8-1】 体操运动机器人。用舵机控制机器人做伸展、弯腰运动。机器人的动作过程为：①双手从自然放下状态举过头顶；②双手指向地面，同时弯腰90°；③伸腰直立，两臂不动；④两臂放下。用触碰传感器控制机器人的运动。

8.1 项目要点

1. 项目意义

了解舵机库对多个舵机的控制及舵机之间的运动协调。

主控板理论上一共可以控制12个舵机，但是Arduino本身没有能力提供这么多舵机的电源，如果搭载舵机过多则需要使用外部电源。

2. 项目分析

根据项目要求，需要用两个舵机控制机器人的动作。用一个舵机控制机器人的两臂运动，为舵机库建立一个对象servo1；再用一个舵机控制机器人的弯腰运动，为舵机库建立第二个对象servo2。

两个舵机分别控制机器人的伸展与弯腰运动。

3. 控制过程

机器人的伸展与弯腰运动，实质上是对舵机位置角度的控制。机器人的控制过程，就是在规定的4个动作中对舵机位置角度的控制过程。因此，在编写程序前，必须清楚地知道每个动作中机器人的两臂及上身相对初始站立状态的角度变化过程。

动作一：两臂，起始位置0°，终点位置180°；
　　　　上身，不动作。

动作二：两臂，起始位置180°，终点位置90°；
　　　　上身，起始位置90°，终点位置0°。

动作三：两臂，不动作；
　　　　上身，起始位置0°，终点位置90°。

动作四：两臂，起始位置90°，终点位置0°；
　　　　上身，不动作。

各个动作中两臂与上身的角度变化如图 8-1 所示。图中红色虚线圈（肩部舵机）为 servo1，橙色虚线圈（腰部舵机）为 servo2。

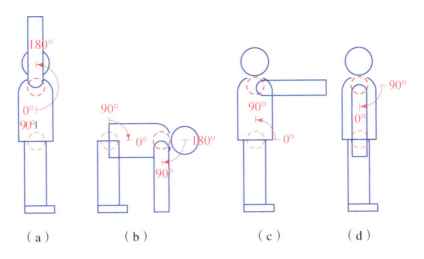

图 8-1 体操运动机器人动作示意

（a）动作一；（b）动作二；（c）动作三；（d）动作四

8.2 编写程序

1. 编程思路

1）用自定义函数实现机器人的运动功能

为了使程序清晰，用自定义函数实现机器人的动作功能。定义函数原型为 void sports( )，即一个无参空类型函数。

在 sports( ) 函数体内：①控制舵机 servo1 驱动两臂向上伸展 180°；②同时控制舵机 servo1、servo2 驱动上身及两臂分别转动 90°；③控制舵机 servo2 驱动上身回到 90°位置；④控制舵机 servo1 驱动两臂回到 0°位置。

注意，项目中由于舵机通过齿轮传动进行驱动，两臂与上身的转动方向与舵机的转动方向相反。

2）调用函数

（1）在 loop( ) 函数中读触碰传感器信号。

（2）当触碰传感器被按下后，调用 sports( ) 函数让机器人开始运动。

2. 源代码

程序代码如下。

```
/* 项目程序 8-1 */
#include <Servo.h>              //包含舵机库头文件
Servo servo1,servo2;           //舵机对象名
const int sPin1 =3;            //舵机 servo1 信号引脚
const int sPin2 =4;            //舵机 servo2 信号引脚
```

```
const int sensorP = 6;                    //触碰传感器引脚
int a;                                     //触碰传感器信号变量

void setup() {
  pinMode(sensorP,INPUT);
  servo1.attach(sPin1);         //定义舵机引脚
  servo2.attach(sPin2);         //定义舵机引脚
  servo1.write(180);             //初始化舵机 servo1 位置角度
  servo2.write(0);               //初始化舵机 servo2 位置角度
}

void loop() {
  a = digitalRead(sensorP);
  if(a == 0)
    sports();                    //调用自定义函数
}

void sports()                    //自定义函数
{
  int i,j = 1;                   //声明局部变量
  while(j < 3)
  {
    servo1.write(0);             //动作一
    delay(1360);

    for(i = 0;i <= 90;i ++)      //动作二
    {
      servo1.write(i);
      servo2.write(i);
      delay(2);
    }
    delay(1000);

    servo2.write(0);             //动作三
    delay(1180);

    servo1.write(180);           //动作四
    delay(1180);

    j ++;
  }
}
```

3. 程序注解

1) servo1、servo2

程序首部 servo1、servo2 为舵机库建立的两个舵机对象。servo1 控制机器人的两臂运动，servo2

控制机器人的上身运动。

2）attach（sPin1）、attach（sPin2）

在 setup（）函数中分别定义两个舵机的信号引脚，即 servo1 的引脚 sPin1 = 3、servo2 的引脚 sPin2 = 4。

3）初始化舵机位置角度

在 setup（）函数中，分别对舵机 servo1、servo2 的位置角度进行初始化。

（1）servo1. write（180）

在图 8 - 1（a）所示的"动作一"中，机器人手臂初始位置的角度为 0°，终点位置的角度为 180°。由于两个平面齿轮传动时，它们的运动方向相反，所以 servo1 的初始位置角度为 180°，终点位置角度为 0°。

（2）servo2. write（0）

同样的道理，机器人上身的初始位置角度为 90°，终点位置角度为 0°，servo2 的初始位置角度则为 0°，终点位置角度为 90°。

4）调用函数

在 loop（）函数中，用 digitalRead（）函数读触碰传感器的信号，当信号值为 0 时调用自定义函数 sports（）。

5）sports（）函数

（1）while 语句用于控制机器人重复动作的次数，程序中 n = 3，同学们可以自行确定 n 的值。如果不限定次数，将 while 语句定义为无限循环。

（2）delay（1360）是"动作一"的延时语句。延时时间为舵机转过一定角度所需要的时间加上动作之间的停歇时间，即

$$180° \times 2 \text{ ms}/(°) + 1000 \text{ ms} = 1360 \text{ ms}$$

后面的所有延时时间都是这样得来的。

（3）for 循环语句的作用是让机器人的两臂与上身同时运动。

8.3 项目体验

1. 搭建模型

项目模型共分三大部分：上身及头部、下身及底板、两臂。两个舵机固定在上身"体内"，上身及两臂为活动部位。体操运动机器人各部位结构如图 8 - 2 所示（详细制作步骤见附录 1）。

2. 搭设电路

1）舵机电路连接

舵机 servo1、servo2 的信号线（黄色）依次连接主控板的引脚 3、4；电源线（红色）连接到面包板上，再从面包板连接主控板的电源引脚 5 V；接地线（褐色）连接主控板的引脚 GND。

上身及头部

下身及底板

两臂

图 8 - 2　体操运动机器人各部位结构

2）连接触碰传感器

将触碰传感器插在面包板上。信号引脚 OUT 连接主控板的引脚 6，电源引脚在面包板上与舵机的电源引脚连接，接地引脚连接主控板的引脚 GND。

项目程序 8 - 1 电路搭设示意如图 8 - 3 所示。

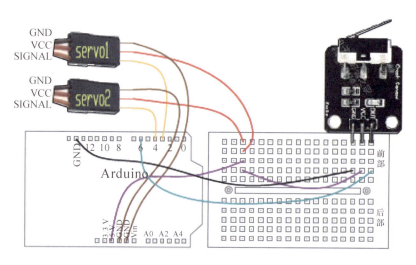

图 8 - 3　项目程序 8 - 1 电路搭设示意

3. 运行程序

上传程序。将机器人放在教学小车附近，利用 USB 数据线供电。按下触碰传感器，机器人将开始做体操运动。

编写一个鼓掌机器人程序。

将 1 号、2 号两个舵机安装在教学小车头部。1 号舵机臂先摆动 3 次，2 号舵机臂再摆动 3 次，然后两个舵机臂做"鼓掌"的动作（次数自定）。最后上机体验。

第**9**课

点焊机器人

【**项目 9－1**】 点焊机器人。用两个舵机制作一个点焊机器人。1 号舵机用于控制肩关节做水平面转动；2 号舵机用于控制肘关节做竖直面转动。

9.1 项目要点

1. 项目意义

了解舵机在机器人关节部位的应用。

在机器人结构中，两个部件连接处可以做相对转动的部位叫作关节，如图 9－1 所示。

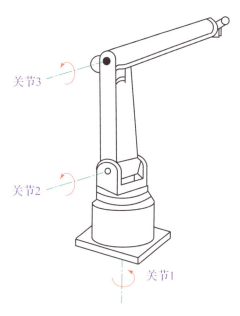

关节3

关节2

关节1

图 9－1 机器人关节示意

机器人的关节运动一般用舵机进行驱动。不过工业机器人使用的"舵机"是一种更高级的伺服电动机。

本课的点焊机器人项目，是模仿工业机器人中的点焊机器人进行点焊作业。通过对点焊机器人关节的控制，简单认识与了解舵机在机器人关节运动控制中的作用。

2. 项目分析

机器人的关节像人体关节一样，具有伸展、弯曲、转向等功能，可以在很多领域替代人从事复杂、繁重的体力劳动。

工业点焊机器人一般至少有 5 个以上的关节，如 1 个腰关节、2 个肩关节、1 个肘关节、2 ~ 3 个腕关节等。

由于本项目要求使用两个舵机制作一个点焊机器人，因此点焊机器人只能有两个关节，一个肩关节用于水平转动，一个肘关节用于竖直面转动。

3. 控制过程

点焊机器人的控制过程，就是根据焊点的位置对点焊机器人关节末端的轨迹进行控制。

点焊机器人关节末端运动轨迹的计算是一件很复杂的事情。现在需要避开这些超出我们当前的知识范畴的东西，只对怎样用舵机控制点焊机器人的点焊作业这一基本过程进行大致的了解。

因此，在编写程序前，先规划一个简单而有规律的点焊机器人作业轨迹。

命名做水平转动的舵机对象为 servo1，做竖直面转动的舵机对象为 servo2。以 servo1 转轴为圆心进行点焊作业。如图 9 – 2 所示，由于点焊机器人只有一个肩关节，它的手臂无法伸展，所以只能沿某一圆弧进行点焊作业。

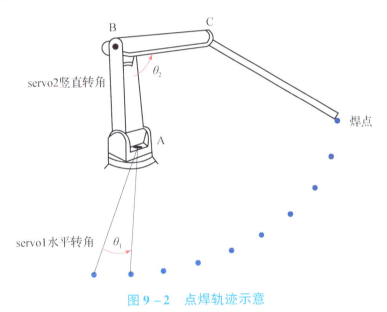

图 9 – 2　点焊轨迹示意

点焊作业从图 9 – 2 中的"焊点"处开始顺时针方向依次进行。每焊完一个焊点 servo1 转动 $\theta_1 = 5°$ 的角度，然后 servo2 的角度从初始位置 θ_2 增加 15°开始焊接焊点，焊接完一个焊点后 servo2 又回到初始位置。

有兴趣的同学可以在图 9 – 2 中的 A 处再安装一个肩关节舵机做竖直面转动，扩大点焊机器人的作业范围。

9.2　编写程序

1. 编程思路

本项目中点焊机器人的两个关节的运动是相互独立的，即肩关节负责水平转动，肘关节负责竖直面转运，因此程序中只要根据点焊机器人作业的顺序依次设置好 servo1、servo2 的位置角度即可。

（1）初始化舵机位置角度

在 setup( )函数中，将 servo1、servo2 的位置角度初始化为90°。

（2）进入 loop( )函数后，先将 servo1 的位置角度指定为150°，即逆时针转动60°，让焊枪就位。

（3）用 for 循环语句控制点焊作业。

（4）焊枪恢复到初始位置。

2. 源代码

程序代码如下。

```
/*项目程序9-1*/
#include <Servo.h>
Servo servo1,servo2;
const int sPin1 =3;
const int sPin2 =4;
int i;
void setup( ) {
  servo1.attach(sPin1);        //定义肩关节舵机1引脚
  servo2.attach(sPin2);        //定义肘关节舵机2引脚
  servo1.write(90);            //初始化舵机servo1位置角度
  servo2.write(90);            //初始化舵机servo2位置角度
}

void loop( ) {
  servo1.write(150);           //从初始位置逆时针转动到第一个焊点
  delay(1000);
  for(i =1;i <=20;i ++)
  {
    servo2.write(105);         //从初始位置逆时针转动,表示焊接
    delay(120);
    servo2.write(90);          //回到初始位置
    delay(120);
    servo1.write(150 -5*i);    //焊完第一个焊点后顺时针转动5°
    delay(200);
  }
  servo1.write(90);            //焊枪恢复到初始位置

  while(1);
}
```

3. 程序注解

1）servo1. write(90)、servo2. write(90)

将两个舵机的初始位置角度分别指定为90°，这样指定便于后面的点焊机器人模型安装。当然也可以指定其他角度，但是在点焊机器人进行点焊作业时，注意舵机位置角度的控制不能小于0°，大于180°。

2）servo1. write(160)

将焊枪从初始90°位置逆时针转动到160°位置，然后延时1000 ms。实际上，舵机转过60°的

角度并不需要这么长的时间，这里只是为了让焊枪有一个适当的停顿时间。后面的延时都考虑了焊枪的适当停顿时间。

3）for 语句

（1）for 语句的条件表达式指定焊接 20 个焊点（i<=20）。

（2）在 for 的复合语句

```
servo2.write(105);
delay(120);
servo2.write(90);
delay(120);
```

中，servo2.write(105)让舵机从初始 90°位置逆时针旋转到 105°位置，让焊枪接触焊点；servo2.write(90)让舵机回到初始位置。

这里要注意两条语句的前后顺序。如果将两条语句的顺序颠倒，则焊接完上一个焊点后焊枪不会离开作业面，直接被拖到下一个焊点。

（3）servo1.write(150−5*i)语句表示每焊接一个焊点后顺时针旋转 5°，即 for 语句每循环一次角度减小 5°。

（4）servo1.write(90)让点焊机器人完成点焊作业后恢复到初始状态。

（5）while(1)是无限循环语句，用于停止 loop()函数循环。由于整个程序只允许执行一次，可以将它放在 setup()函数中。

9.3 项目体验

1. 搭建模型

点焊机器人的模型结构如图 9－3 所示，详细搭建步骤见附录 2。

图 9－3 点焊机器人的模型结构

必须注意，在固定两个舵机前要分别对它们进行初始化。否则，模型搭建后无法进行初始化。

2. 搭设电路

1）舵机电路连接

舵机 servo1、servo2 的信号线（黄色）依次连接主控板的引脚 3、4；电源线（红色）连接到面包板上；接地线（褐色）连接主控板的引脚 GND。

2）连接电源

将教学小车的电源引脚 VCC 在面包板上与舵机电源线连接在一起，再从面包板连接主控板的电源引脚 5 V，教学小车电源地引脚 GND 连接主控板的接地引脚 GND。

项目程序 9-1 电路搭设示意如图 9-4 所示。

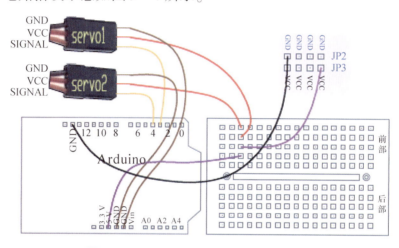

图 9-4　项目程序 9-1 电路搭设示意

3. 运行程序

1）上传程序

由于程序没有设置外部控制指令，程序上传完成后点焊机器人会立即开始动作，所以可以选择：①上传程序前将两个舵机的电源线拔掉，然后上传程序；②将舵机初始化后把程序上传到主控板；③自行增加一个触碰传感器，控制点焊机器人开始作业的时间。

程序上传后，可以直接利用 USB 数据线供电，也可以拔下 USB 数据线利用教学小车的电源供电。

2）运行效果

程序开始运行后，点焊机器人会顺时针方向连续焊接 20 个焊点，然后恢复到初始状态。

 课后练习

编写一个点焊机器人程序。

用两个舵机分别驱动点焊机器人的两个关节，共焊接 3 个焊点。焊接顺序：先焊接中间的焊点，再焊接两边的焊点（焊点间距自定）。

第 4 单元
Arduino 外部库

- IRremote 库

- IRremote 库的应用

- DFRobotDFPlayerMini 库

- DFRremotDFPlayerMini 库的应用

第*10*课

IRremote 库

10.1　基本要点

10.1.1　红外遥控的基本原理

红外遥控是一种广泛应用的通信和控制手段。红外遥控系统由于其结构简单、功耗小、抗干扰能力强、可靠性高及成本低等优点而广泛应用于家用电器、工业制造和智能仪器系统中。

通用红外遥控系统由发射和接收两大部分组成，应用编码/解码专用集成电路芯片进行控制操作。

1. 发射部分

红外遥控系统的发射部分就是本书所讲的红外遥控器。按键式红外遥控器如图 10-1 所示。

图 10-1　按键式红外遥控器

红外信号发射的主要过程为按键、编码、发射，如图 10-2 所示。

图 10-2　红外信号发射的主要过程

（1）按键。当按下红外遥控器上的任一按键时，产生一个相应的脉冲信号。

（2）编码。编码芯片对脉冲信号进行编码，然后进行脉冲幅度调制形成遥控信号。

（3）发射。红外发射管将红外信号发射出去。

2. 接收部分

红外接收器接收红外遥控器发射的红外信号。红外接收器如图 10 – 3 所示。红外信号接收的主要过程为接收、解码、输送，如图 10 – 4 所示。

图 10 – 3   红外接收器

图 10 – 4   红外信号接收过程示意

（1）接收。红外接收管接收红外信号，然后转换成相应的电信号。

（2）解码。解码芯片将红外遥控器已进行脉冲幅度调制的信号还原为编码信号。

（3）输送。将还原后的编码信号输送给微控制器进行信息识别和处理。

3. 17 键红外遥控/接收器的编码与参数

（1）编码方式。红外遥控器有多种编码方式，最常见的为 NEC 编码。17 键红外遥控器的编码方式即 NEC。

（2）红外遥控器上的按键编码。按键编码采用十六进制数。如按键"1"的编码为 BA45FF00，按键"OK"的编码为 E31CFF00，如图 11 – 2 所示。红外遥控器上各按键的编码可以通过串口实测得到。

红外遥控器按键对应的编码如图 10 – 5 所示。

（3）红外遥控器工作参数。红外遥控器的最远发射距离可达 8 m，有效角度为 60°。

（4）红外接收器的工作参数及引脚。红外接收器的工作电压为 5 V；引脚 S 为信号引脚，引脚"+"为电源正极（VCC），引脚"–"为电源负极（GND）。

BA45FF00	B946FF00	B847FF00
BB44FF00	BF40FF00	BC43FF00
F807FF00	EA15FF00	F609FF00
E916FF00	E619FF00	F20DFF00
	E718FF00	
F708FF00	E31CFF00	A55AFF00
	AD52FF00	

图 10 – 5   红外遥控器按键对应的编码

10.1.2　IRremote 库

IRremote 库是一款十分普及的 Arduino 库。对于 Arduino 来说它是一个外部库，而且有着几种升级版。为了与图形化编程课程中的红外遥控编码一致，这里采用 Mixly 2.0 rc3 中使用的 IRremote 库版本。

IRremote 库中至少包含了一个发射类 IRsend 和一个接收类 IRrecv，头文件形式为"IRremote.h"。现在，需要了解和掌握发射类 IRrecv 的部分成员函数。这些成员函数有 enableIRIn()、decode()、resume()等。

10.1.3　安装 IRremote 库

在 Arduino IDE 中使用 IRremote 库时需要先进行安装。

1. 下载 IRremote 库压缩包

可以在网上下载 IRremote 3.x 版本，或直接在 Mixly 2.0 rc3 中复制"IRremote"文件夹。在课堂上可以直接使用老师事先准备在某个文件夹中的 IRremote 库。

2. 安装

1）压缩方式下安装

打开 Arduino IDE 界面，选择菜单栏中的"项目"→"加载库"→"添加.ZIP 库"选项，如图 10-6 所示。弹出"选取你想加入…"对话框，选中压缩包，然后单击右下角的"打开"按钮，IRremote 库就被安装好了，如图 10-7 所示。

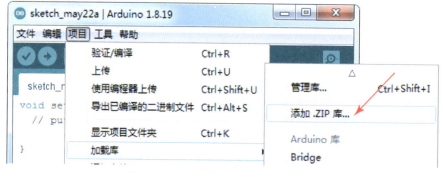

图 10-6　"添加.ZIP 库"选项

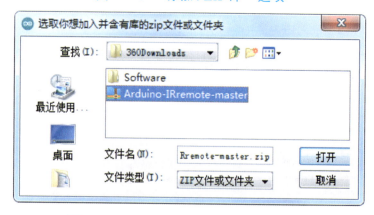

图 10-7　压缩包方式下安装 IRremote 库

2）文件夹方式下安装

将 IRremote 库文件夹复制到 Arduino 安装目录的"…Arduino\libraries"根目录下即可。

10.2 类名及成员函数

1. IRrecv

IRrecv 是 IRremote 库接收类的类名。使用 IRrecv 类时，要为类声明一个对象。其一般形式如下。

```
IRrecv  对象名(引脚号)
```

例如：

```
IRrecv  irRecv(irPin)
```

在一般形式中：

IRrecv，类名；

irRecv，对象名，根据自己的喜好或习惯而定；

irPin，对象的参数，它是红外接收器信号引脚的变量，其取值范围可以是任一个数字引脚。

2. enableIRIn( )函数

enableIRIn( )函数的功能是初始化红外接收器，启动接收红外信号的功能。enableIRIn( )函数调用的一般形式如下。

```
对象名.enableIRIn()
```

例如：

```
irRecv.enableIRIn()
```

3. decode( )函数

decode( )函数的功能是接收红外信号。如果接收到红外信号，则返回 true。decode( )函数调用的一般形式如下。

```
对象名.decode()
```

4. resume( )函数

resume( )函数的功能是重置红外接收器，准备接收下一个红外信号。resume( )函数调用的一般形式如下。

```
对象名.resume()
```

resume( )函数是一个无参函数。当本次接收的编码已经被解码后，resume( )函数被调用以重置红外接收器。它与 decode( )函数配对使用。

10.3 编程实训

【**实训 10 - 1**】 用红外传感器控制 LED 灯的亮灭，并将信号值在串口监视器中打印出来。

1. 编写程序

1）分析

（1）用红外传感器控制 LED 灯，需要使用红外遥控器和红外接收器硬件。

（2）在程序中首先声明 IRrecv 类的对象，并指定这个对象（红外接收器）的引脚号。命名对象为 irRecv，红外接收器引脚号为 9。

（3）确定红外遥控器的按键值。用按键 "1" 控制 LED 灯点亮，用按键 "0" 控制 LED 灯熄灭。在图 10 - 5 中查出对应的按键编码为

$$按键 "1"：0xBA45FF00$$
$$按键 "0"：0xE619FF00$$

当按下按键 "1" 时，红外遥控器发送编码 BA45FF00；红外接收器接收到编码后将其输送到 Arduino 微控制器。这时就可以在程序中用这个编码信息控制点亮 LED 灯。同样的道理，用编码信息 E619FF00 控制熄灭 LED 灯。

2）源代码

程序代码如下。

```
/* 实训程序 10 - 1 */
#include < IRremote.h >                    // 包含 IRremote 库头文件
const int ledPin = 5;
const int irPin = 9;                       // 声明红外接收器信号引脚
IRrecv irRecv(irPin);                      // 声明 IRrecv 类的对象并定义引脚
volatile long value;                       // 声明编码变量

void setup() {
  Serial.begin(9600);
  pinMode(ledPin,OUTPUT);
  irRecv.enableIRIn();                     // 使能红外信号接收功能
}

void loop() {
  if(irRecv.decode())                      // 判断是否接收到红外信号
  {
    value = irRecv.decodedIRData
          .decodedRawData;                 // 将编码值赋给 value
    Serial.println(value,HEX);             // 打印编码值
    if(results.value == 0xBA45FF00)        // 判断是否按下按键 "1"
      digitalWrite(ledPin,HIGH);
    if(results.value == 0xE619FF00)        // 判断是否按下按键 "0"
      digitalWrite(ledPin,LOW);
    irRecv.resume();                       // 接收下一个红外信号
  }
}
```

2. 程序注解

1）程序首部

首先将 IRremote 库的头文件包含进来，然后声明相关变量与引脚。

（1）IRrecv irRecv(irPin)

声明红外接收器类的对象 irPRecv，同时定义这个对象的引脚 irPin。

（2）volatile long value

volatile long 是变量 value 的数据类型。

2）setup() 函数

irRecv. enableIRIn() 用于初始化红外接收器，使能红外信号接收功能。

3）loop() 函数

（1）if(irRecv. decode())。

用于判断是否接收到红外遥控器的信号。如果接收到信号则返回 true，否则返回 false。当有信号接收时 if 语句条件成立，执行 if 语句组的语句。

（2）value = irRecv. decodedIRData. decodedRawData。

解码后的值存放在 decodedIRData. decodedRawData 中，通过对象名 irRecv 与引用运算符 "."将它赋给变量 value。

decodedIRData 是一个结构体变量，decodedRawData 为这个结构体的成员。这种数据类型与变量超出了我们的学习范围，只要照着使用即可。

（3）Serial. println(value, HEX)。

用十六进制打印解码后的编码值，HEX 为十六进制打印格式。

（4）if (value == 0xBA45FF00)。

用于判断接收到的编码值 value 是否为红外遥控器按键 "1"的编码值，如果是则点亮 LED 灯。下一个 if 语句意义相同。

（5）irRecv. resume()。

用对象 irRecv 调用函数 resume()，重置红外接收器。注意，如果缺少这条语句，则红外接收器无法被重置，也就无法接收到下一个红外信号。

3. 搭设电路

1）连接红外接收器

将红外接收器的信号引脚 S 连接主控板的数字引脚 9，电源引脚 " +"连接主控板的引脚 5 V，接地引脚 " –"连接主控板的引脚 GND，如图 10 – 8 所示。

2）连接 LED 灯

将 LED 灯的长引脚连接主控板的数字引脚 5，短引脚连接主控板的引脚 GND，如图 10 – 8 所示。

4. 运行程序

上传程序，打开串口监视器。

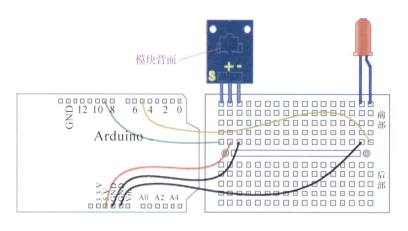

图 10 - 8　实训程序 10 - 1 电路搭设示意

将红外遥控器发射管对着红外接收头。按下按键"1"，LED 灯点亮；按下按键"0"，LED 灯熄灭。

注意：红外光可能受到外部环境的干扰而影响效果。例如，当太阳光线太强，或从窗外照射到红外接收器时，可以用手遮挡红外接收器。

课后练习

1. 红外遥控系统由哪几部分组成？各部分的主要工作过程是什么？

2. 红外遥控器发射的是光信号还是电信号？红外接收器接收的是什么信号？

3. 红外接收器接收到红外遥控器的信号后，首先要做的一件事情是什么？

4. 用 IRremote 库编写红外遥控程序时，需要声明 IRrecv 类的对象还是 IRsend 类的对象？

5. 红外接收器的信号引脚的定义方式是什么？

6. 成员函数 enableIRIn( )、decode( )、resume( )的功能分别是什么？

7. 编写程序的时候，怎样从 Arduino 微控制器中得到红外遥控器发射的按键编码的值？把它的表达式写出来。

8. 编写一个红外遥控 LED 灯的程序，用红外遥控器的按键改变 LED 灯的亮度：按键"1"对应亮度 10，按键"2"对应亮度 80，按键"3"对应亮度 150，按键"OK"对应 LED 灯熄灭。

第 *11* 课

红外遥控小车

【项目11-1】 用红外遥控传感器控制教学小车的运动姿态。

11.1 项目要点

1. 项目意义

掌握红外遥控传感器的基本原理与应用，通过 IRremote 库编写简单的应用程序。

2. 项目分析

根据项目要求，教学小车的运动分为：前进、后退、左转、右转和停车5种姿态。每种姿态对应一个红外遥控编码，教学小车根据接收到的编码指令运动。

为了方便按键操作，红外遥控器键位设置如图11-1所示。

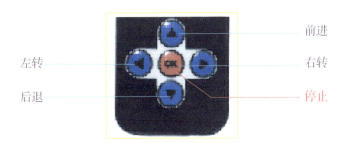

图 11-1 红外遥控器键位设置

11.2 编写程序

1. 编程思路

（1）文件包含与声明

在程序首部包含"IRremote.h"头文件，声明左、右电动机引脚变量、红外接收器信号引脚变量、红外编码值变量，声明 IRecv 对象并定义红外信号引脚。

（2）在 setup( ) 函数中定义左、右电动机方向引脚及工作模式，使能红外接收器。

（3）定义教学小车运动的功能函数。

教学小车运动中的某种姿态会反复出现，用自定义函数实现这些功能使程序简洁清晰。

（4）调用函数。

在 loop( )函数中判断是否接收到红外遥控器的指令，根据指令调用相应的函数实现教学小车的各种运动。

2. 源代码

程序代码如下。

```
/*项目程序 11-1*/
#include <IRremote.h>
int inL1=3,inL2=4,enL=5;
int inR3=7,inR4=8,enR=6;
int irPin=11;
volatile long value;
IRrecv irRecv(irPin);              //声明对象并定义红外接收器引脚

void setup(){
  value = 0;
  pinMode(inL1,OUTPUT);
  pinMode(inL2,OUTPUT);
  pinMode(inR3,OUTPUT);
  pinMode(inR4,OUTPUT);
  irRecv.enableIRIn();                      //使能红外接收器
}

void loop(){
  if(irRecv.decode())              //判断是否接收到红外编码
  {
    value =irRecv.decodedIRData
          .decodedRawData;          //红外编码赋给 value
    if(value == 0xE718FF00)        //前进
      m1IR(150);
    else if(value == 0xAD52FF00)    //后退
      m2IR(120);
    else if(value == 0xF708FF00)    //左转
      m3IR(120);
    else if(value == 0xA55AFF00)    //右转
      m4IR(120);
    else if(value == 0xE31CFF00)    //停车
      m5IR();
    irRecv.resume();                //重置红外接收器
  }
}

/**********************
             前进
**********************/
void m1IR(int Speed)
```

```
{
  digitalWrite(inL1,HIGH);
  digitalWrite(inL2,LOW);
  analogWrite(enL,Speed);

  digitalWrite(inR3,LOW);
  digitalWrite(inR4,HIGH);
  analogWrite(enR,Speed);
}


/**********************
            后退
********************** /
void m2IR(int Speed)
{
  digitalWrite(inL1,LOW);
  digitalWrite(inL2,HIGH);
  analogWrite(enL,Speed);

  digitalWrite(inR3,HIGH);
  digitalWrite(inR4,LOW);
  analogWrite(enR,Speed);
}


/**********************
            左转
********************** /
void m3IR(int Speed)
{
  digitalWrite(inL1,LOW);
  digitalWrite(inL2,HIGH);
  analogWrite(enL,0);

  digitalWrite(inR3,LOW);
  digitalWrite(inR4,HIGH);
  analogWrite(enR,Speed);

  delay(300);
  m5IR();                          //左转 300 ms 后停车
}


/**********************
            右转
********************** /
void m4IR(int Speed)
{
  digitalWrite(inL1,HIGH);
```

```
digitalWrite(inL2,LOW);
analogWrite(enL,Speed);

digitalWrite(inR3,HIGH);
digitalWrite(inR4,LOW);
analogWrite(enR,0);

delay(300);
m5IR();                              //右转 300 ms 后停车
}

/***********************
            停车
*********************** /
void m5IR()
{
  digitalWrite(inL1,HIGH);
  digitalWrite(inL2,HIGH);

  digitalWrite(inR3,HIGH);
  digitalWrite(inR4,HIGH);
}
```

3. 程序注解

1）程序首部

（1）inL1、inL2 为教学小车左电动机方向引脚变量，enL 为左电动机速度引脚变量。

（2）inR3、inR4 为教学小车右电动机方向引脚变量，enR 为右电动机速度引脚变量。

2）setup( )函数

irRecv. enableIRIn( )用于使能红外接收器。

3）loop( )函数

（1）if（irRecv. decode( )）。

表达式中调用成员函数 decode( )，判断是否接收到红外编码。如果接收到红外编码，decode ( )函数的返回值为 true，表达式成立。

（2）value = irRecv. decodedIRData. decodedRawData。

将 decodedIRData. decodedRawData 中接收到的红外编码赋给变量 value，接下来根据 value 的值调用相应的函数。

（3）if（value == 0xE718FF00）
　　　　m1IR(150);

如果接收到的红外编码为 E718FF00，则调用教学小车前进的函数 m1IR( )，并设置教学小车左、右电动机的速度为 150 r/min，即为函数的形参 speed 传递实参。

以下的 4 个 if 语句用 else if 的形式根据各自的编码指令调用相应的函数。

（4）irRecv. resume( )。

重置红外接收器，准备接收下一个红外信号。

4）自定义函数

5 个自定义函数分别用于控制教学小车的各种运动姿态，也就是控制教学小车左、右电动机的正转与反转，我们已经很熟悉了。

在左转与右转函数中，语句

$$delay(300);$$

$$m5IR();$$

的作用是教学小车每转向 300 ms 便停下来，这样便于控制教学小车。如果转弯不够，可以再次按下转向键。同学们在项目体验时可以去掉这两条语句，看看控制效果是什么样的。

11.3 项目体验

1. 搭设电路

1）连接红外接收器

将红外接收器插在面包板前缘的中间位置，尽量减小两边电源引脚与信号引脚对红外传感器的干扰。信号引脚 S 连接主控板的引脚 11，电源引脚 " + " 连接教学小车的电源引脚 VCC，接地引脚 " – " 连接主控板的引脚 GND。

2）连接教学小车电动机

将教学小车左前部 JP1 的引脚 IN1、IN2、EN1、EN2、IN3、IN4 依次连接主控板的引脚 3、4、5、6、7、8。

3）连接主控板电源

将教学小车的电源引脚 VCC、GND 依次连接主控板的引脚 5 V、GND，如图 11 – 2 所示。

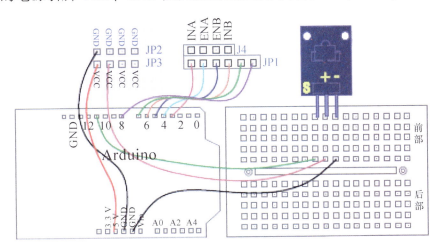

图 11 – 2　项目程序 11 – 1 电路搭设示意

2. 运行程序

上传程序，拔下数据线后开始体验。

教学小车运动时，始终将红外遥控器的发射头对着教学小车上的红外接收器。红外遥控器与红外接收器的间距不要太大。

当教学小车遇到障碍物而无法运动时，即刻停止电动机或将教学小车拿开，以防止损坏电动机。

 课后练习

1. 项目程序 11 – 1 中，在函数 m3IR( ) 中调用函数 m5IR( ) 属于哪种调用形式？

2. 以项目程序 11 – 1 为例，下面的说法中正确的是 (　　　)。

A. 教学小车的运动姿态是由红外遥控器按键的固定位置确定的

B. 教学小车开始某种姿态的运动是因为红外遥控器发射了编码

C. 教学小车能够运动是因为红外接收器对编码进行了解码

D. 教学小车前进是因为微控制器收到了相应的红外信号

3. 编写一个红外遥控小车程序。当按下红外遥控器的启动键后，教学小车开始运动；当按下红外遥控器的停车键后教学小车停止（小车运动姿态及红外遥控器的启停键位自定）。

第 12 课

红外遥控舵机

【项目 12 – 1】 用红外遥控器控制舵机臂慢慢抓紧物体。

12.1 项目要点

1. 项目意义

熟练掌握红外遥控器信号的接收、读取，以及成员函数 decode（）、resume（）的配合使用方法。

2. 项目分析

1）如何控制舵机

在 Mixly 图形化编程课程中，我们制作过用舵机控制舵机臂抓取物体的搬运机器人。但是，它无法知道舵机臂是否抓紧了物体，同时舵机臂也不能根据物体的大小调整抓取的姿态。

为了让舵机臂慢慢抓取物体，需要改变舵机的反应速度，同时根据物体被抓部位的大小调整舵机转过的角度。

（1）用红外遥控器指令控制舵机臂的动作。

（2）连续发射红外遥控指令，用循环语句反复接收与读取红外信号，驱动舵机运动，并用循环语句改变舵机的速度。

（3）当物体被抓牢后红外遥控器停止发射红外遥控指令。

（4）如何判断连续发射的红外编码

当按下红外遥控器的一个按键后，可以读取一个相应的红外编码。例如，按下红外遥控器的按键 "1" 后，可以读取一个唯一的红外编码 BA45FF00。

但是，当连续按着红外遥控器的按键 "1" 不松开时，这个按键的编码再也不是 BA45FF00，而是一连串的 "0"。输入下面的代码，串口监视器显示如图 12 – 1 所示。

```
/* 要点程序 12 –1 */
#include <IRremote.h>
const int irPin =11;
volatile long value;
IRrecv irRecv(irPin);

void setup(){
    value = 0;
```

```
  irRecv.enableIRIn();
  Serial.begin(9600);
}

void loop(){
  if (irRecv.decode())
  {
    value = irRecv.decodedIRData
          .decodedRawData;
    Serial.println(value,HEX);
    irRecv.resume();
  }
}
```

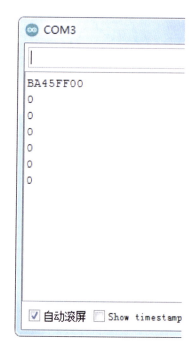

图 12-1　串口监视器显示

　　根据这一特点，当长按红外遥控器的某一按键（如按键 "1"）时，第一次用编码 BA45FF00 进行判断，接下来就不能用这个编码进行判断，只能用是否有信号进行判断，因为这时的 "0" 也是信号。

12.2　编写程序

1. 编程思路

在程序首部声明相关变量、IRremote 库 IRrecv 对象、舵机库 Servo 对象。

在 setup( ) 函数中使能红外遥控器，定义舵机引脚及初始化舵机位置角度。

在 loop( ) 函数中读取红外信号，根据红外信号指令驱动舵机。将红外遥控器按键 "1" 的编码指定为控制舵机抓取物体的信号，将按键 "3" 的编码指定为放下物体的信号。

（1）用 if 语句判断是否接收到红外信号。

（2）如果接收到红外信号则读取信号值。

（3）用 if 语句判断接收到的红外信号是否是按键 "1" 的编码信号。

（4）如果是按键 "1" 的编码信号，则用一个 while 语句反复读取信号并驱动舵机运动，抓取物体。

（5）按下按键 "3" 放下物体。

2. 源代码

程序代码如下。

```
/*项目程序 12-1*/
#include <IRremote.h>
#include <Servo.h>
int i = 0;
const int irPin = 11;                //红外接收器信号引脚
volatile long value;                 //红外编码值变量
const int servoPin = 9;              //舵机信号引脚
IRrecv irRecv(irPin);                //声明对象并定义红外接收器引脚
```

```
Servo servo;                                    //声明舵机类对象

void setup(){
    value = 0;
    irRecv.enableIRIn();                        //使能红外接收器
    servo.attach(servoPin);
    servo.write(90);
}

void loop(){
    if(irRecv.decode())                         //判断是否接收到红外编码
    {
        value = irRecv.decodedIRData
                .decodedRawData;                //将红外编码赋给 value
        irRecv.resume();                        //重置红外接收器
        delay(200);
        if(value ==0xBA45FF00)                  //按键"1",抓取物体
        {
            while(irRecv.decode()&&i <50)       //在循环体内检查并接收红外信号
            {
                irRecv.resume();                //重置红外接收器
                delay(100);
                i =i +2;
                servo.write(60 -i);
                delay(5);
            }
        }
        else if(value ==0xB847FF00)             //按键"3",松开物体
        {
            servo.write(90);
            delay(100);
            i =0;
        }
    }
}
```

程序注解

1）程序首部

int i 为控制舵机速度的循环计数变量。

2）setup()函数

servo.write(90)为舵机臂安装时的初始角度。

注意，初始化舵机角度时，要考虑舵机与传动齿轮的转动方向，让舵机从初始位置运动到下一个角度的位置有足够的余地。例如，从初始角度旋转到0°需要转过70°，则初始角度的位置要≥70°。

3）loop()函数

（1）if(value ==0xBA45FF00)。

将上一行语句从 decodedIRData. decodedRawData 结构体成员中得到的编码值 value 与按键 "1" 的编码 BA45FF00 进行比较，如果相等则继续进行下一步判断。

（2）while(irRecv. decode( ) && i < 50)。

while 语句的条件表达式用于对连续按住按键 "1" 的情况进行判断。在条件表达式中，irRecv. decode( ) 用于判断红外遥控器的按键 "1" 是否有信号。如果有信号则计算表达式中的 i < 50，若表达式成立继续执行循环体。

i < 50 用于控制舵机转动的最大角度，详见接下来的注解。

（4）irRecv. resume( )。

它与 while 语句的条件表达式 irRecv. decode( ) 配对，重置红外接收器。

（5）i = i + 2；

　　 servo. write(90 − i)；

i = i + 2 用于记录舵机转过的角度，write（60 − i）即每循环 1 次转过 2°，当 i >= 50 时退出循环。

12.3　项目体验

1. 搭建模型

舵机臂抓取物体的模型由 3 部分组成：舵机装置、支座、齿轮传动装置，如图 12 − 2 所示（详细搭建步骤见附录 3）。

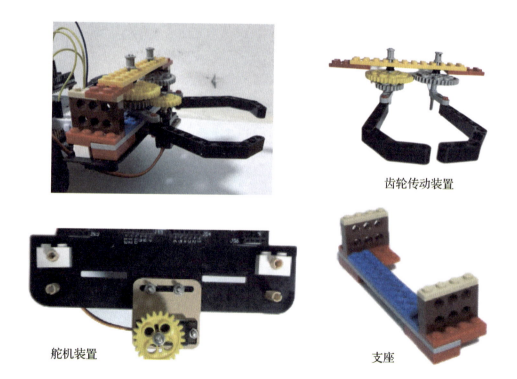

齿轮传动装置

舵机装置

支座

图 12 − 2　项目 12 − 1 模型结构示意

注意：搭建模型前，先将舵机位置角度初始化为60°。

2. 搭设电路

1）连接红外接收器

将红外接收器插在面包板前缘的中间位置，信号引脚 S 连接主控板的引脚 11，电源引脚
"+"先连接到面包板上，再从面包板连接到主控板的引脚 5 V，接地引脚"–"连接主控板的
引脚 GND。

● 连接舵机

将舵机信号线（黄色）连接主控板的引脚 10，电源线（红色）在面包板上与红外接收器电
源引脚连接，接地线（褐色）连接主控板的引脚 GND。

项目程序 12 –1 电路搭设示意如图 12 –3 所示。

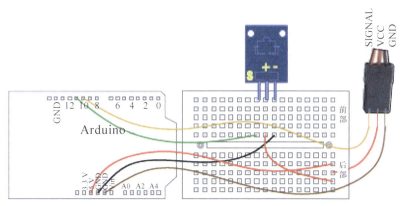

图 12 –3 项目程序 12 –1 电路搭设示意

3. 运行程序

（1）上传程序。

（2）将被抓取的物体放在舵机臂的中间，如图 12 –4 所示。

图 12 –4 项目 12 –1 体验示意

（3）利用 USB 数据线为主控板供电。将红外遥控器发射头对着红外接收器，按住按键"1"，舵机臂慢慢抓住物体。

长按按键"1"时，由于信号的干扰或其他原因，红外接收器并不总是会接收到编码 BA45FF00，这时舵机的运动会停下来，只要重新按住按键"1"，舵机就会继续运动。

（4）按下按键"3"，松开舵机臂。

课后练习

1. 下面程序中有 1 个错误（缺少一条语句），请把它找出来并改正。

```
#include <IRremote.h>
const int irPin =11;            //红外接收器信号引脚
volatile long value;            //红外编码值变量
IRrecv irRecv(irPin);           //声明对象并定义红外接收器引脚

void setup(){
  Serial.begin(9600);
  value = 0;
  irRecv.enableIRIn();                //使能红外接收器
}

void loop(){
  if (irRecv.decode())                //判断是否接收到红外编码
  {
    value = irRecv.decodedIRData
            .decodedRawData;          //将红外编码赋给 value
    Serial.println(value,HEX);
  }
}
```

2. 将下面的程序上传到主控板后，回答下列问题。

（1）未按下红外遥控器上的任何按键时，有没有 LED 灯被点亮，为什么？

（2）点亮 LED1 灯要按下红外遥控器的哪一个按键？

```
#include <IRremote.h>
const int led1 =3;          //LED 灯 1 引脚号
const int led2 =4;          //LED 灯 2 引脚号
const int irPin =7;         //红外接收器信号引脚
volatile long value;        //红外编码值变量
IRrecv irRecv(irPin);       //声明对象并定义红外接收器引脚

void setup(){
  value = 0;
  irRecv.enableIRIn();                  //使能红外接收器
}
```

```
void loop(){
  if(irRecv.decode())                    //判断是否接收到红外编码
  {
    value = irRecv.decodedIRData
          .decodedRawData;               //将红外编码赋给 value
    if(value==0xE916FF00)
    {
      digitalWrite(led1,HIGH);
      delay(1000);
      digitalWrite(led1,LOW);
    }
    irRecv.resume();
  }
  else
    digitalWrite(led2,HIGH);
}
```

3. 编写程序：用红外遥控器发射与接收数据。将红外遥控器按键"1"的编码存入变量 value1，将按键"2"的编码存入变量 value2，并在串口监视器中打印 value1、value2 的值。

第13课

红外遥控搬运车

【项目13-1】 用红外遥控器控制教学小车将物体搬运到指定位置。

13.1 项目要点

1. 项目意义

通过红外遥控器分别对直流电动机与舵机的控制过程，加深对不同硬件特性的了解，掌握不同硬件的程序控制方法。

同时，通过项目模型制作启发创造性思维，增强动手能力。

2. 项目分析

用教学小车搬运物体，需要用主控板控制舵机执行一系列搬运动作。由于项目没有要求使用探测类的传感器探测被搬运物体的位置，所以需要使用红外遥控器人为控制教学小车靠近物体，然后控制舵机臂抓取、搬运、放下物体。

1) 让教学小车慢慢靠近物体

为了让教学小车慢慢靠近物体，可以改变教学小车电动机运动的控制方法。当按住红外遥控器相应的按键时教学小车运动，松开按键时教学小车停止运动，如图13-1所示。

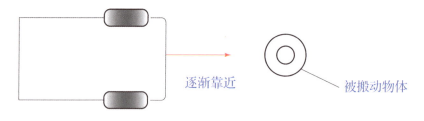

逐渐靠近　　　被搬动物体

图13-1 教学小车靠近物体示意

2) 让机器人①抓牢物体并离开地面

用上一课中红外遥控器控制舵机的方法，用一个舵机控制机器人抓牢物体，再用一个舵机控制机器人提升或放下物体。

---

① 此处将红外遥控搬运车整体称为"机器人"，后同。

13.2 编写程序

1. 编程思路

项目程序 13 – 1 实际上是项目程序 11 – 1、12 – 1 的结合体。

（1）教学小车电动机驱动部分。

将项目程序 11 – 1 的教学小车运动姿态按键驱动修改为长按驱动，松开按键时教学小车停止。

（2）舵机控制部分。

共用 2 个舵机控制物体搬运。舵机 1 用于控制机器人抓取物体，舵机 2 用于控制机器人提升或放下物体。

（3）用自定义函数实现教学小车电动机驱动功能。

2. 源代码

程序代码如下。

```
/*项目程序13 –1*/
#include <IRremote.h>
#include <Servo.h>
int inL1 =3,inL2 =4,enL =5;              //教学小车电动机引脚号
int inR3 =7,inR4 =8,enR =6;

volatile long value =0;                  //红外编码值变量
const int irPin =11;                     //红外接收器信号引脚
const int servo1Pin =9;                  //舵机1信号引脚
const int servo2Pin =10;                 //舵机2信号引脚
int i =0;
IRrecv irRecv(irPin);           //声明对象并定义红外接收器引脚
Servo  servo1,servo2;           //声明舵机对象

void setup(){
  pinMode(inL1, OUTPUT);
  pinMode(inL2, OUTPUT);
  pinMode(inR3, OUTPUT);
  pinMode(inR4, OUTPUT);

  irRecv.enableIRIn();                    //使能红外接收器
  servo1.attach(servo1Pin);
  servo2.attach(servo2Pin);
  servo1.write(120);                      //舵机1初始位置角度120°
  servo2.write(90);                       //舵机2初始位置角度90°
}

void loop(){
  if (irRecv.decode())                    //判断是否接收到红外编码
  {
```

```
value = irRecv.decodedIRData
        .decodedRawData;              //将红外编码赋给 value
irRecv.resume();                      //重置红外接收器
delay(200);

/****** 舵机运动 ****** /

if(value ==0xBA45FF00)               //按键"1",抓取物体
{
   while(irRecv.decode()&&i<120)
    {
      irRecv.resume();
      delay(100);
      i = i +2;
      servo1.write(120 - i);
      delay(5);
    }
}
else if(value ==0xB847FF00)          //按键"3",松开物体
{
   servo1.write(120);
   delay(300);
   i =0;
}
else if(value ==0xBB44FF00)          //按键"4",提升物体
  {
    servo2.write(150);
    delay(300);
  }
else if(value ==0xBC43FF00)          //按键"6",放下物体
  {
    int j;
    for(j =150;j >=60;j -- )
    {
      servo2.write(j);
      delay(20);
    }
  }

/****** 小车电机运动 ****** /

else if (value == 0xE718FF00)    //前进
  m1IR(120);
else if (value == 0xAD52FF00)    //后退
  m2IR(120);
else if (value == 0xF708FF00)    //左转
  m3IR(120);
else if (value == 0xA55AFF00)    //右转
```

```
      m4IR(120);
   }
   else m5IR();                          //停车
}


/*********************
        小车前进
********************* /
void m1IR( int Speed)
{
   digitalWrite( inL1,HIGH);
   digitalWritc( inL2,LOW);
   analogWrite( enL,Speed);

   digitalWrite( inR3,LOW);
   digitalWrite( inR4,HIGH);
   analogWrite( enR,Speed);
}


/*********************
        小车后退
********************* /
void m2IR( int Speed)
{
   digitalWrite( inL1,LOW);
   digitalWrite( inL2,HIGH);
   analogWrite( enL,Speed);

   digitalWrite( inR3,HIGH);
   digitalWrite( inR4,LOW);
   analogWrite( enR,Speed);
}


/*********************
        小车左转
********************* /
void m3IR( int Speed)
{
   digitalWrite( inL1,LOW);
   digitalWrite( inL2,HIGH);
   analogWrite( enL,0);

   digitalWrite( inR3,LOW);
   digitalWrite( inR4,HIGH);
   analogWrite( enR,Speed);
}


/*********************
        小车右转
********************* /
```

```
void m4IR(int Speed)
{
  digitalWrite(inL1,HIGH);
  digitalWrite(inL2,LOW);
  analogWrite(enL,Speed);

  digitalWrite(inR3,HIGH);
  digitalWrite(inR4,LOW);
  analogWrite(enR,0);
}

/***********************
            停车
*********************** /
void m5IR()
{
  digitalWrite(inL1,HIGH);
  digitalWrite(inL2,HIGH);

  digitalWrite(inR3,HIGH);
  digitalWrite(inR4,HIGH);
}
```

3. 程序注解

1）setup( )函数

在 setup( )函数中，将舵机 1 和舵机 2 的位置角度分别初始化为 120°、90°，即 servo1. write（120）、servo2. write（90）。

2）loop( )函数

loop( )函数共分为两大部分：if（irRecv. decode(）） ｛…｝为有信号部分；else m5IR( )为无信号部分。红外遥控器有信号时，驱动教学小车电动机和舵机运动；红外遥控器没有信号时，教学小车电动机停止。

（1）if（irRecv. decode( )） ｛…｝。

if 语句通过 irRecv. decode( )表达式检查是否有信号，如果有信号则执行第一个花括号内的所有语句。

（2）value = irRecv. decodedIRData . decodedRawData。

用赋值语句读取红外遥控器按键的信号值，并将该值存入变量 value。

接下来根据不同的按键指令驱动舵机或电动机运动。

（3）else m5IR( )。

当红外遥控器没有任何按键被按下时，红外接收器收不到任何信号，即处于无信号状态，这时调用函数 m5IR( )停车。

3）自定义函数

m1IR( )～m5IR( )为教学小车电动机驱动函数，与项目程序 11 – 1 相同。

13.3　项目体验

1. 搭建模型

红外遥控搬运车模型共由 3 部分组成：腕关节、肩关节、机座，如图 13 – 2 所示（详细搭建步骤见附录4）。

图 13 – 2　红外遥控搬运车模型

2. 搭设电路

1）连接红外接收器

将红外接收器用积木与销子固定在教学小车右前角，信号引脚 S 连接主控板的引脚 11，电源引脚"+"连接教学小车的电源引脚 VCC，接地引脚"–"连接到主控板的引脚 GND（注意，不要通过面包板与其他接地引脚连接）。

2）连接舵机

将舵机 1 的信号线（黄色）连接主控板的引脚 9，将舵机 2 的信号线连接主控板的引脚 10，它们的电源线（红色）分别连接教学小车的电源引脚 VCC，接地线（褐色）在面包板上连接在一起，再将它连接到主控板的引脚 GND。

3）连接教学小车电动机

将教学小车左前方 JP1 的引脚 IN1、IN2、EN1、EN2、IN3、IN4 依次连接主控板的引脚 3、4、5、6、7、8。

4）连接教学小车电源

将教学小车的电源引脚 VCC 连接主控板的引脚 5 V，教学小车的电源地引脚 GND 连接主控板的引脚 GND。

项目程序 13 – 1 电路搭设示意如图 13 – 3 所示。

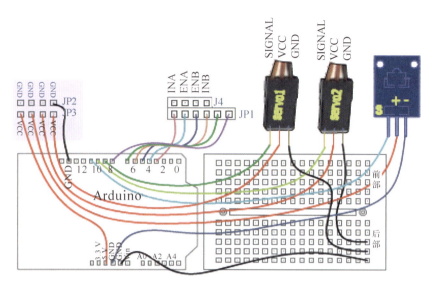

图 13 – 3　项目程序 13 – 1 电路搭设示意

3. 运行程序

上传程序。

取下 USB 数据线，将机器人放置在比较宽敞的地方，用一次性水杯作为被搬运物体，如图 13 – 4 所示。

图 13 – 4　机器人搬运示意

让机器人对着被搬运的物体行驶，靠近物体后停下来抓住物体，然后提升物体离开地面，将物体搬运到指定的位置后放下来。

红外遥控器按键编码及功能见表 13 – 1。

表 13-1　红外遥控器按键编码及功能

按键	编码	功能
按键 "1"	BA45FF00	抓取物体
按键 "3"	B847FF00	松开物体
按键 "4"	B847FF00	提升物体
按键 "6"	B847FF00	放下物体
按键 "▲"	E718FF00	机器人前进
按键 "▼"	AD52FF00	机器人后退
按键 "◄"	F708FF00	机器人左转
按键 "►"	A55AFF00	机器人右转

注意：抓取物体时，如果抓得过紧，则舵机无法转动到遥控指令给出的位置角度，舵机仍在试图转动。这时舵机会严重干扰红外接收器，红外接收器的信号指示灯会不停地闪烁，无法接收新的遥控指令。因此，控制舵机臂时适当抓紧物体即可。

课后练习

编写程序：用红外遥控器控制教学小车前进。当按住红外遥控器按键 "OK" 时教学小车前进，松开按键 "OK" 后教学小车停止。

第 14 课

DFRobotDFPlayerMini 库

14.1 基本要点

14.1.1 DFPlayer Mini 模块

DFPlayer Mini 是一款小巧的 MP3 模块，通过简单的串口指令即可播放指定的音乐或语音。

在学习 DFRobotDFPlayerMini 库之前，先了解 DFPlayer Mini 模块的特性与使用方法，然后引用 DFRobotDFPlayerMini 库编写程序，让它播放语音或音乐。

1. MP3 模块与转换板引脚及功能

MP3 模块与转换板实物及引脚如图 14 - 1 所示。MP3 模块部分引脚及功能见表 14 - 1，MP3 模块转换板与 MP3 模块对应的引脚见表 14 - 2。

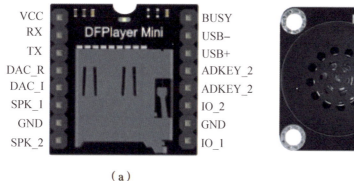

（a） （b）

图 14 - 1 MP3 模块与转换板实物及引脚

（a）MP3 模块；（b）MP3 模块转换板

表 14 - 1 MP3 模块部分引脚及功能   表 14 - 2 MP3 模块转换板与 MP3 模块对应的引脚

VCC	电源输入
RX	UART 串行数据输入
TX	UART 串行数据输出
SPK_1	接小喇叭
GND	电源地
SPK_2	接小喇叭

V	3.3 ~ 5 V
TX	
RX	0.5 W
G	

使用时，将 MP3 模块插入转换板，插入时 MP3 模块上的缺口与转换板的图形缺口方向一致。转换板上的 4 个引脚分别与主控板连接。

注意：MP3 模块的通信引脚与主控板的通信引脚要交叉连接，如图 14 – 2 所示。

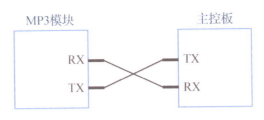

图 14 – 2　串口引脚连接示意

2. SD 卡

SD 卡是一种基于半导体的新一代记忆设备，它具有体积小、数据传输速度高、可热插拔等优良的特性，被广泛地应用于便携式装置，如图 14 – 3 所示。

图 14 – 3　SD 卡

将存储了语音或音乐的 SD 卡插入 MP3 模块，编写好 MP3 播放程序，然后连接到主控板就可以实现简单的播放操作了。

14.1.2　DFRobotDFPlayerMini 库

编写 MP3 播放程序需要引用相应的库。这里使用 Mixly 2.0 rc3 中所使用的 DFRobotDFPlayer-Mini 库。

DFRobotDFPlayerMini 库包含了许多成员函数。这些成员函数可以实现多种形式的播放功能，如控制播放的音量，播放指定的一首歌曲，播放上一曲、下一曲或循环播放等。

现在，只对播放一首歌曲或一段语音必须用到的一些成员函数进行初步的了解，并掌握使用 DFRobotDFPlayerMini 库编程的方法。

1. 实例化对象

在使用 DFRobotDFPlayerMini 库的成员函数前，需要实例化 DFRobotDFPlayerMini 库的一个对象。实例化的一般形式如下。

```
DFRobotDFPlayerMini  myMp3
```

在一般形式中，DFRobotDFPlayerMini 是库名，myMp3 是对象名。对象名可以根据自己的喜好而定。

2. 建立串口通信

建立主控板与 MP3 模块之间的串口通信。这里使用主控板硬件串口与 MP3 模块进行通信。

3. 调用成员函数

让 MP3 模块播放一首歌曲或一段语音，需要调用成员函数 begin( )、volume( )、play( ) 或 playMp3Folder( )等。

14.1.3　安装 DFRobotDFPlayerMini 库

将老师准备好的 DFRobotDFPlayerMini 库文件复制到 Arduino 安装目录 "…\Arduino\libraries" 下。选择菜单栏中的 "项目" → "加载库" 选项，"贡献库" 列表中显示 "DFRobotDFPlayerMini"，说明安装成功，如图 14 – 4 所示。

图 14 – 4　安装 DFRobotDFPlayerMini 库

14.2　成员函数

1. begin( )

在第 4 课 "串口库" 中，我们用串口库中一个已经实例化的对象 Serial 调用成员函数 begin( )，即用 Serial. begin( )确定主控板串口的通信速度。但是，这里的成员函数 begin( )是用来建立主控板硬件串口与 MP3 模块之间通信的。

begin( )函数调用的一般形式如下。

```
对象名.begin(Serial)
```

在一般形式中，对象名为库的实例化对象名，Serial 为串口库中已经实例化的一个对象。如果将 DFRobotDFPlayerMini 库实例化为对象 myMp3，则 begin( )函数的调用方式为

$$myMp3. begin(Serial)$$

2. volume( )函数

volume( )函数的功能是设置 MP3 模块的音量。volume( )函数调用的一般形式如下。

```
对象名.volume(uint8_t volume)
```

这是一个有参函数。uint8_t 是变量 volume 的数据类型；volume 是音量设置变量，它的取值范围为 0 ~ 30。volume( )函数调用方式如

$$myMp3. volume(20)$$

3. play( )函数

play( )函数的功能是播放一首指定的歌曲。play( )函数调用的一般形式如下。

```
对象名.play(int fileNumber =1)
```

函数参数为整型数据，fileNumber 为音乐文件编号的变量。fileNumger 的取值范围为 1~2999，即最多可以播放 2999 首歌曲。

例如，播放第 8 首歌曲，play( )函数调用方式为

$$myMp3. play(8)$$

4. playMp3Folder( )函数

playMp3Folder( )函数的功能是播放"mp3"文件夹下的音乐。playMp3Folder( )函数调用的一般形式如下。

```
对象名.playMp3Folder(int fileNumber)
```

函数参数为整型数据类型，fileNumber 为音乐文件编号。playMp3Folder( )函数与 play( )函数的区别在于，前者按指定的文件编号播放，后者按文件读入 SD 卡的先后顺序播放，与编号无关。

5. MP3 文件的命名与存储

1）命名

MP3 文件命名格式为

```
××××.mp3
```

格式中"××××"为 4 位数字的文件编号，如 0001、1999 等。如果要对某首歌曲进行说明，可以在编号后面进行标识。例如：

```
0003 生日快乐.mp3
0003happyBirthday.mp3
```

2）存储

在 SD 卡根目录下新建一个"mp3"文件夹，将自制的 MP3 音乐文件格式化后放到"mp3"文件夹内就可以利用播放设备播放 MP3 歌曲或语音了。

14.3 编程实训

【实训 14-1】 用主控板控制 MP3 模块播放歌曲《祝你生日快乐》。

1. 编程思路

（1）声明 DFRobotDFPlayerMini 的对象，将对象命名为 myMp3。

（2）设置串口通信速度，建立主控板与 MP3 模块之间的通信。

（3）播放歌曲。

2. 源代码

程序代码如下。

```
/*实训程序14-1*/
#include <DFRobotDFPlayerMini.h>        //包含MP3库
DFRobotDFPlayerMini myMp3;              //声明MP3库的对象

void setup() {
  Serial.begin(9600);                  //设置串口通信速度
  myMp3.begin(Serial);                 //建立与MP3模块的通信
  myMp3.volume(25);                    //设置播放音量
}

void loop() {
  myMp3.play(1);                       //播放《祝你生日快乐》
  delay(115000);                       //歌曲时长
}
```

说明：歌曲的延时时间由delay( )函数根据实际时长确定。下载文件或格式化文件时都有时间显示，调用delay( )函数时将显示的时长换算为毫秒。

3. 制作文件

1）下载歌曲

如图14-5所示。在课堂上可以使用事先准备好的歌曲《祝你生日快乐》。

图14-5 歌曲下载示意

2）格式化音乐文件

用"格式化工厂"软件对音乐文件进行格式化。如果直接下载MP3格式的歌曲，则无须格式化，只要修改歌曲的文件名称即可，如图14-6所示。

（a）　　　　　　　（b）

图 14 −6　MP3 文件命名

(a) 原文件名；(b) 修改的文件名

3）存储文件

将 SD 卡插入读卡器（图 14 −7），然后将读卡器插入计算机的 USB 接口。

图 14 −7　读卡器

（1）打开 SD 卡，在 SD 卡根目录下新建一个"mp3"文件夹，如图 14 −8 所示。

图 14 −8　新建"mp3"文件夹

（2）打开"mp3"文件夹，将下载的 MP3 文件复制到这个文件夹下，如图 14 −9 所示。

图 14 – 9   复制 MP3 文件

（3）关闭并退出 SD 卡，即关闭和退出图 14 – 8 中最上方路径栏所示的"可移动磁盘（G）"。

4. 搭设电路

1）接插 MP3 模块

（1）将 MP3 模块插到转换板上，注意 MP3 模块上的缺口与转换板图形缺口的方向相同，如图 14 – 10（a）所示。

（2）MP3 模块插好后，再将 SD 卡插入 MP3 模块，如图 14 – 10（b）所示。

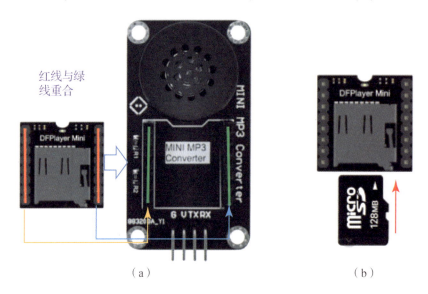

红线与绿线重合

（a）   （b）

图 14 – 10   MP3 模块与转接板插接示意

注意：拿取元器件时捏住边缘位置，不要触摸芯片。取出 SD 卡时先适当用力往里抵一下，待 SD 卡弹出后再取出来。

（3）将转接板通过弯脚排母插到教学小车左前角的引脚 JS6 上，从引脚 JS5 与主控板连接，如图 14 – 11 所示。也可以直接用跳线连接转接板与主控板，将转接板放在教学小车附近的适当位置。必须注意，转接板底部的引脚裸露部分不要接触到教学小车上的任何金属裸露部分，以防止引脚相互连通。

2）连接电路

（1）连接转接板电路。分别将转接板的引脚 RX 连接主控板的引脚 0（RX），引脚 TX 连接主控板的引脚 1（TX），引脚 V 连接教学小车的电源引脚 VCC，引脚 G 连接主控板的引脚 GND，如图 14 – 11 所示。

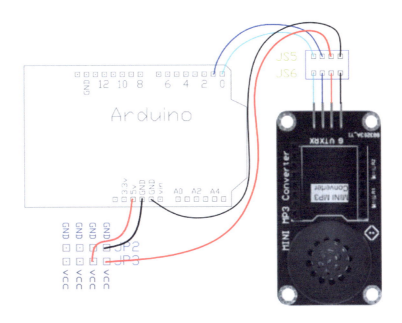

图 14 – 11　转接板连接示意

（2）连接电源。将教学小车的电源引脚 VCC 连接主控板的引脚 5 V，将地引脚 GND 连接主控板的引脚 GND，如图 14 – 11 所示。

也可以直接使用 USB 数据线供电。

5. 运行程序

（1）上传程序

在实训程序 14 – 1 中，主控板的引脚 0 和 1 的功能是进行串口通信，上传程序时这两个引脚不能连接任何东西。否则，上传的程序无法正常运行。因此，上传程序时要将这两个引脚的跳线取下来，或者上传程序后再进行连接。

（2）打开教学小车电源开关，MP3 模块将播放歌曲《祝你生日快乐》。如果只希望播放一遍，则可以将 loop( ) 函数中的所有语句放在 setup( ) 函数中。

课后练习

1. 在图 14 – 11 中，为什么转接板的引脚 TX 不是与主控板的引脚 RX 交叉连接？
2. 下面的程序中有 2 个错误，请指出来并改正。

```
#include <DFRobotDFPlayerMini.h >
DFRobotDFPlayerMini myPlayer;

void setup() {
```

```
Serial.begin(9600);
myPlayer.begin(9600);
myPlayer.volume(25);
}

void loop() {
myMp3.play(55);
delay(10000);          //该音乐时长为 10000 ms
}
```

3. 自己在网上下载一首 MP3 音乐，然后编写程序把它播放出来。

第 15 课

导航机器人

【项目15-1】 制作一个导航机器人,对车辆行驶路线进行导航。用红外遥控器控制车辆的行驶方向。

15.1 项目要点

1. 项目意义

通过项目制作,认识与了解人机交互的意义与作用。

人与机器人(计算机)进行信息交换的系统称为人机交互系统。人机交互系统分为指令给定装置和信息显示装置。指令给定装置主要有指令控制台,例如我们使用的红外遥控传感器可以视为一个指令控制台;信息显示装置主要进行图文显示和声音显示,比如我们使用的 MP3 模块可以作为一个信息显示装置。

人机交互是一门多学科交叉的科学与技术。导航机器人制作项目可以让我们对人机交互有一个初步的感性认识。

2. 项目分析

导航机器人分为反馈导航信息与发出控制指令两大部分。

1) 反馈导航信息

现实中的车辆是用北斗卫星导航的,现在制作的导航机器人当然无法使用北斗卫星导航。这时应该怎么办呢?可以用随机函数作为"导航系统"。

例如,在 1~100 的随机数中,能被 2 整除的数代表左转,不能被 2 整除的数代表右转。导航机器人根据相应的数据用 MP3 模块反馈"左转"或"右转"的信息。如果"控制台"发出的控制指令"有误",则反馈提示信息。

2) 控制指令

用红外遥控传感器控制导航机器人的行驶路线,红外遥控器发出控制指令。控制指令设置见表15-1。

3. 语音文件制作

语音文件制作过程与方法在 Mixly 图形化编程课程中已经进行了讲解,这里不再做详细介绍。

1) 文字转语音

用布谷鸟配音软件分别将"前方左转"等4段文字转换成语音,如图 15-1 所示。

表 15 – 1　控制指令设置

按键	编码	方向	提示语音
按键 "◀"	F708FF00	左转	前方左转
按键 "▶"	A55AFF00	右转	前方右转
按键 "▼"	AD52FF00	后退	正在倒车
按键 "OK"	E31CFF00	停车	—
与导航方向不符时		—	您已偏航

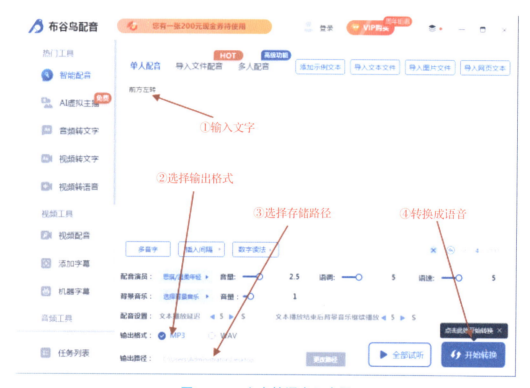

图 15 – 1　文字转语音示意图

2）存储语音文件

将制作的 MP3 语音文件存储在 SD 卡根目录的 "mp3" 文件夹中，如图 15 – 2 所示。

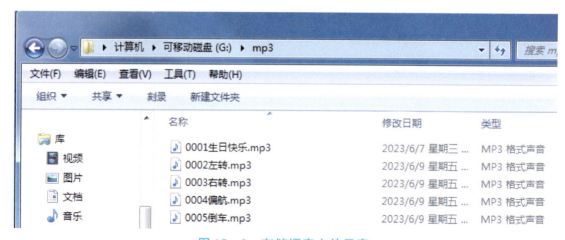

图 15 – 2　存储语音文件示意

15.2 编写程序

1. 编程思路

（1）用随机函数生成 1~100 的随机数，然后根据处理后的随机数判断导航机器人是前进、左转还是右转。

（2）当随机数能被 2 整除时导航机器人左转，否则导航机器人右转。

（3）程序进入左转或右转入口后，用循环语句读取红外编码，通过编码指令控制导航机器人的运动方向。

（4）转向时间可以根据场地大小设置。

（5）用自定义函数实现教学小车电动机运动功能。

2. 源代码

程序代码如下。

```
/*项目程序15-1*/
#include <DFRobotDFPlayerMini.h>          //包含 MP3 库
#include <IRremote.h>                      //包含红外库
const int inL1=3,inL2=4,enL=5;            //声明教学小车电动机引脚
const int inR3=7,inR4=8,enR=6;
const int irPin=11;                        //红外接收器信号引脚
volatile long value=0;                     //红外编码值变量
unsigned long _random;                     //随机数变量
int Speed=120;                             //教学小车电动机速度
int t1=0,t2=0;
DFRobotDFPlayerMini myMp3;                 //声明 MP3 库的对象
IRrecv irRecv(irPin);        //声明红外库对象并定义红外接收器引脚

void setup() {
  pinMode(inL1,OUTPUT);
  pinMode(inL2,OUTPUT);
  pinMode(inR3,OUTPUT);
  pinMode(inR4,OUTPUT);
  Serial.begin(9600);                      //设置串口通信速度
  myMp3.begin(Serial);                     //建立与 MP3 模块的通信
  irRecv.enableIRIn();                     //使能红外接收器
  myMp3.volume(25);                        //设置播放音量
  randomSeed(A0);                          //初始化随机数
}

void loop() {
  _random=random(1,100);          /******生成随机数******/
```

```
carM(HIGH,LOW,LOW,HIGH,Speed);          /******教学小车直行******/
delay(1000);

if(_random% 2 ==0)                      /******左转导航******/
{
  t1 = t2;
  myMp3.playMp3Folder(2);               //左转播放:前方左转
  delay(1000);
  while(t2 - t1 <=5000)
  {
    t2 = millis();
    irRecv.decode();
    value = irRecv.decodedIRData
          .decodedRawData;              //将红外编码赋给 value
    irRecv.resume();
    delay(200);

    if(value ==0xF708FF00)              //左转
    {
      carM(LOW,HIGH,LOW,HIGH,Speed);
      delay(300);
      break;
    }
    else if(value ==0xA55AFF00)
    {
      carM(HIGH,LOW,HIGH ,LOW,Speed);
      myMp3.playMp3Folder(4);           //右转播放:您已偏航
      delay(1200);
      break;
    }
    else if(value ==0xAD52FF00)
    {
      carM(LOW,HIGH,HIGH,LOW,Speed);
      myMp3.playMp3Folder(5);           //倒车播放:正在倒车
      delay(1000);
      break;
    }
  }
  if(t2 - t1 >5000)                     //超时停车
  {
    carM(HIGH,HIGH,HIGH,HIGH,0);
    while(1);
  }
}

if(_random% 2！ =0)                     /******右转导航******/
{
  t1 = t2;
  myMp3.playMp3Folder(3);               //右转播放:前方右转
  delay(1000);
```

```cpp
    while(t2 - t1 < 5000)
    {
      t2 = millis();
      irRecv.decode();
      value = irRecv.decodedIRData
              .decodedRawData;              //将红外编码赋给 value
      irRecv.resume();
      delay(200);

      if(value == 0xA55AFF00)               //右转
      {
        carM(HIGH,LOW,HIGH,LOW,Speed);
        delay(300);
        break;
      }
      else if(value == 0xF708FF00)
      {
        carM(LOW,HIGH,LOW,HIGH,Speed);
        myMp3.playMp3Folder(4);             //左转播放:您已偏航
        delay(1200);
        break;
      }
      else if(value == 0xAD52FF00)
      {
        carM(LOW,HIGH,HIGH,LOW,Speed);
        myMp3.playMp3Folder(5);             //倒车播放:正在倒车
        delay(1000);
        break;
      }
    }
    if(t2 - t1 > 5000)
    {
      carM(HIGH,HIGH,HIGH,HIGH,0);
      while(1);
    }
  }

  if(irRecv.decode())                       /******直行停车******/
  {
    value = irRecv.decodedIRData
            .decodedRawData;
    irRecv.resume();
    if(value == 0xE31CFF00)
    {
      carM(HIGH,HIGH,HIGH,HIGH,0);
      while(1);
    }
  }
}
```

```
/*********************
   教学小车电动机驱动函数
********************* /
void carM(int st1,int st2,int st3,int st4, int Speed)
{
    digitalWrite(inL1,st1);
    digitalWrite(inL2,st2);
    analogWrite(enL,Speed);

    digitalWrite(inR3,st3);
    digitalWrite(inR4,st4);
    analogWrite(enR,Speed);
}
```

3. 程序注解

1）程序首部

程序首部为文件包含、引脚变量声明、数据变量声明、对象声明 4 个部分。

2）setup( )函数

setup( )函数包括教学小车电动机方向引脚定义、串口通信设置等。

3）loop( )函数

loop( )函数共包括生成随机数、教学小车直行、左转导航、右转导航、直行停车 5 个部分（见浅红色注释）。

（1）生成随机数部分。

生成 1~99 的随机数。

（2）教学小车直行部分。

①carM( )函数。

调用自定义函数 carM( )实现教学小车直行功能。这里和前面课程中的教学小车电动机驱动函数有点差别，即只用一个自定义函数实现教学小车各种运动姿态的控制，可以减小代码的长度。但是，付出的代价是调用函数时要多输入几个实参数据。

注意，输入 HIGH、LOW 等实参时顺序不能混乱，要与函数中的方向引脚保持一致。

②delay( )函数。

delay( )函数的意义在于让教学小车有一个直行的时间。同学们在体验时可以根据场地大小修改 delay( )函数的值。

（3）左转导航部分。

①while（t2 − t1 <= 5000）。

t1 为上一次导航结束的时间，t2 为本次导航开始的时间。t1 − t2 为本次导航设置的执行时间段，即 5000 ms。

②t2 = millis( )。

记录本次导航开始后的时间。

③if （value == 0xF708FF00）{ }。

if 语句发出"左转"指令。if 语句体内调用电动机驱动函数控制教学小车左转，然后用 break 语句跳出 while 循环。注意，如果不跳出 while 循环，则 5000 ms 后会停车。

④if(t2 – t1 > 5000) ┊ ┊。

如果在 while 语句内不执行任何操作，则当 t2 – t1 > 5000 后退出循环，接下来执行这条 if 语句，即停车。

⑤t1 = t2。

如果在 5000 ms 内执行完"左转"或"右转"中的某种操作，则程序不会执行上一条 if 语句，只执行语句 t1 = t2。将本次导航结束的时间 t2 赋给 t1，作为下一次导航执行时间计算的初值。

（4）右转导航部分。

右转导航除了发出右转指令、调用 carM( ) 函数的实参不同外，其他部分与"左转导航"的含义完全相同。

（5）直行停车部分。

if(irRecv. decode( )) ┊ ┊语句的功能为，通过 irRecv 调用 decode( ) 函数读取停车指令，让教学小车正常停止。

4）carM( ) 函数

carM( ) 函数通过增加函数形参的形式，将前面的 5 个函数合并成 1 个函数。其优点在于可以减小代码的长度，并让同学们了解自定义函数的不同编写风格，建议在初学阶段仍以 5 个独立函数的编写形式为宜。

15.3　项目体验

1. 搭设电路

1）固定 MP3 模块

将 MP3 模块插入转接板，然后用 2 颗 M2.5 × 12 mm 的螺丝、4 颗螺帽、4 片垫片将转接板固定在教学小车的左前部，如图 15 – 3 所示。

图 15 – 3　MP3 模块固定示意

2）连接电路

（1）连接 MP3 模块。将转接板的电源引脚 V 连接教学小车的电源引脚 VCC，接地引脚 G 连接主控板的引脚 GND。引脚 RX、TX 依次连接主控板的引脚 RX、TX（程序上传后再连接）。

（2）连接红外接收器。红外接收器的电源引脚"＋"连接教学小车的电源引脚 VCC，接地引脚"－"连接主控板的引脚 GND，信号引脚 S 连接主控板的引脚 11。

（3）连接教学小车电动机。将教学小车左前方 JP1 的 IN1、IN2、EN1、EN2、IN3、IN4 引脚依次连接主控板的引脚 3、4、5、6、7、8。

（4）连接教学小车电源。将教学小车右前方的电源引脚 VCC、GND 依次连接主控板的引脚 5 V、GND。项目程序 15 － 1 电路搭设示意如图 15 － 4 所示。

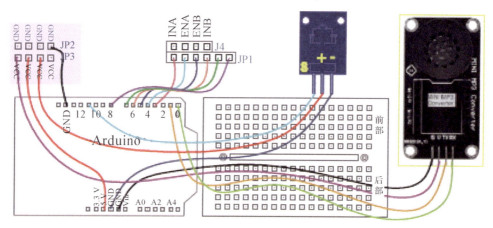

图 15 － 4　项目程序 15 － 1 电路搭设示意

2. 运行程序

（1）上传程序

上传程序前，不要将转接板的引脚 RX、TX 连接主控板，待程序上传完成后再将它们连接主控板。

（2）将导航机器人（教学小车）放在地面上，打开电源开关。根据导航机器人反馈的信息进行"左转"或"右转"控制。

（3）在导航机器人运动过程中，可以根据场地情况强制控制导航机器人左转、右转或后退。这时，导航机器人会提示"您已领航"或"正在后退"。

（4）如果在导航机器人提示"左转"或"右转"后没有任何操作，则 5000 ms 后停车。这时需要关闭教学小车电源，然后重新打开。

课后练习

1. 下面的选项中，不属于人机交互的是（　　　　）。

A. 用空调遥控器控制设置空调的温度

B. 在手机上查看天气预报

C. 根据遥控直升机遥控手柄上显示的飞行高度控制遥控直升机上升或下降

D. 在银行自助取款机上存取现金

2. 编写程序：用 MP3 模块播放 2 段语音和 3 首歌曲，由红外遥控器的按键"1"~"5"控制播放。语音文件自制，曲目自选。

附录1

搭建模型：体操运动机器人（附图 1-1）。

附图 1　体操运动机器人

结构分析：体操运动机器人模型结构共分三大部分——上身及头部、下身及底板、两臂；2个舵机固定在上身"体内"，上身及两臂为活动部位（附图 1-2）。

（a）

（b）

（c）

附图 1-2　体操运动机器人模型结构
（a）上身及头部；（b）下身及底板；（c）两臂

（1）制作上身及头部（附图1-3）。

附图 1-3 制作上身及头部（续）

（2）制作下身及底板（附图 1-4）。

附图 1-4 制作下身及底部

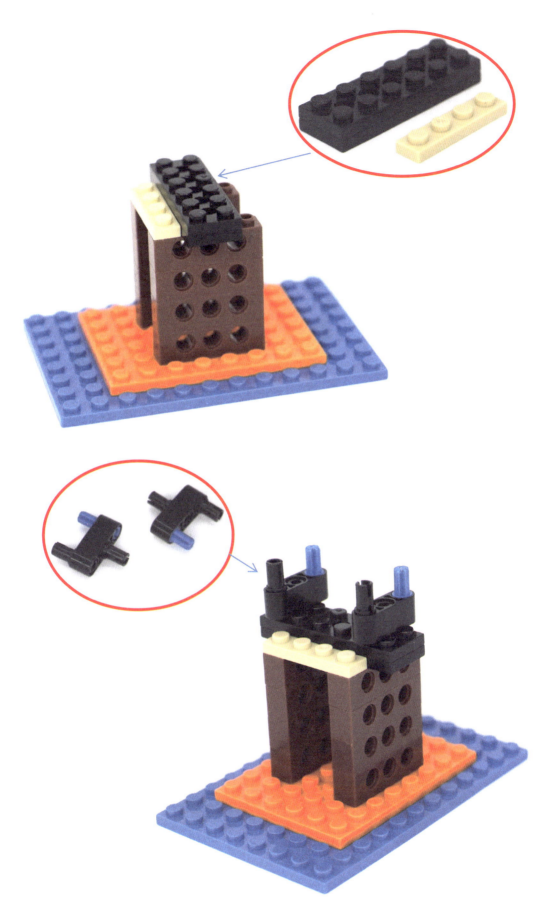

附图 1-4　制作下身及底部（续）

（3）制作两臂（附图1-5）。

附图1-5　制作两臂

（4）组装（附图1-6）。

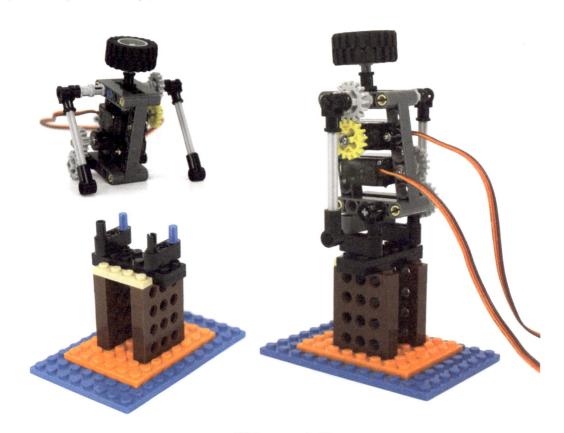

附图1-6　组装

附录2

搭建模型：点焊机器人（附图2-1）。

附图2-1　点焊机器人

结构分析：点焊机器人模型结构共分两大部分——机臂和机体（附图2-2）。

（a）　　　　　　　　　　　　　　　　　　（b）

附图2-2　点焊机器人模型结构
(a) 机臂；(b) 机体

（1）制作机臂（附图2-3）。

附图2-3　制作机臂

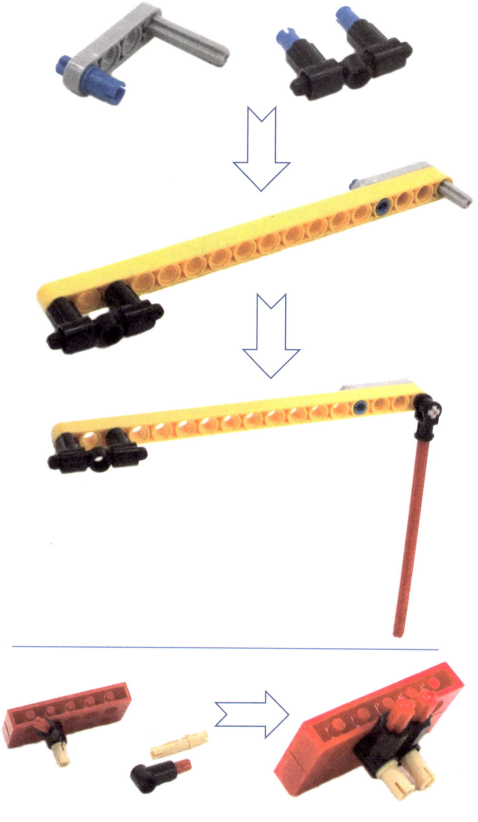

附图 2-3　制作机臂（续）

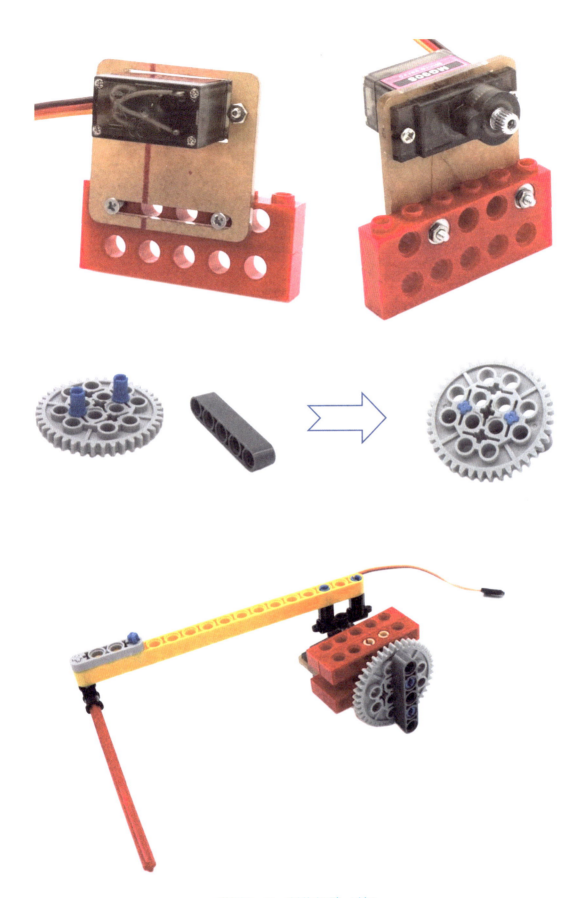

附图 2 - 3　制作机臂（续）

（2）制作机体（附图2-4）。

附图2-4　制作机体

（3）组装（附图2-5）。

附图2-5　组装

搭建模型：红外遥控舵机（附图3−1）。

附图3−1　红外遥控舵机

结构分析：红外遥控舵机模型由3部分组成——支座、齿轮传动装置、舵机装置（附图3−2）。

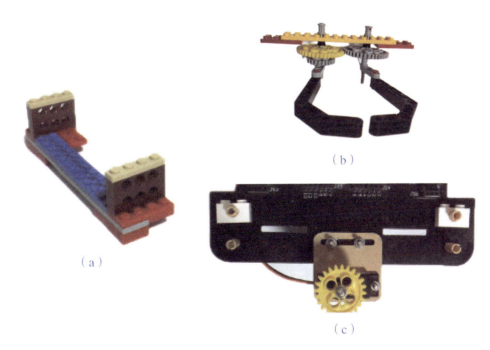

（b）

（a）

（c）

附图3−2　红外遥控舵机模型结构
（a）支座；（b）齿轮传动装置；（c）舵机装置

（1）制作支座（附图 3 – 3）。

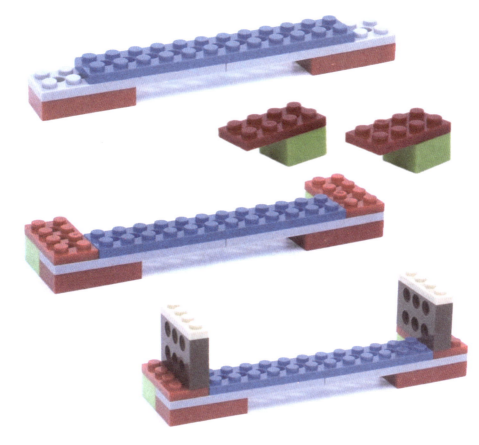

附图 3 – 3　制作支座

（2）制作齿轮传动装置（附图 3 – 4）。

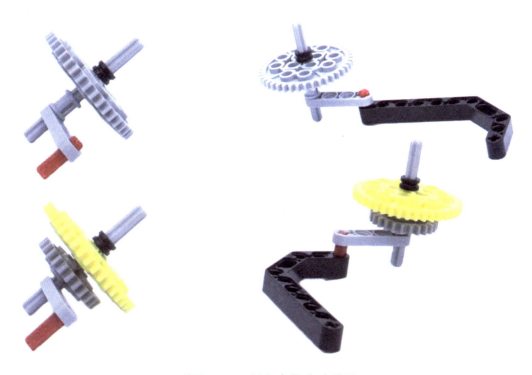

附图 3 – 4　制作齿轮传动装置

附图 3 – 4　制作齿轮传动装置（续）

（3）制作舵机装置（附图 3 –5）。

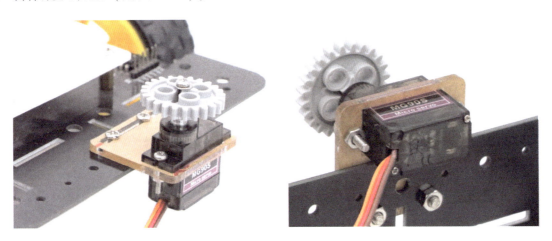

附图 3 – 5　制作舵机装置

（4）组装（附图 3 –6）。

附图 3 – 6　组装

搭建模型：红外遥控搬运机器人（附图4−1）。

附图4−1 红外遥控搬运机器人

结构分析：红外遥控搬运机器人模型共由3部分组成——腕关节、肩关节、机座（附图4−2）。

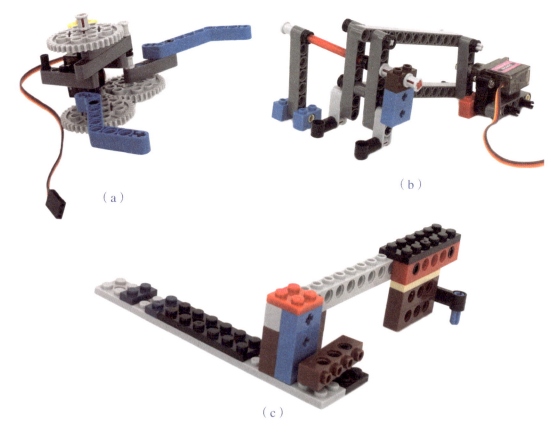

附图4−2 红外遥控搬运机器人模型结构

（a）腕关节；（b）肩关节；（c）机座

（1）制作腕关节（附图4-3）。

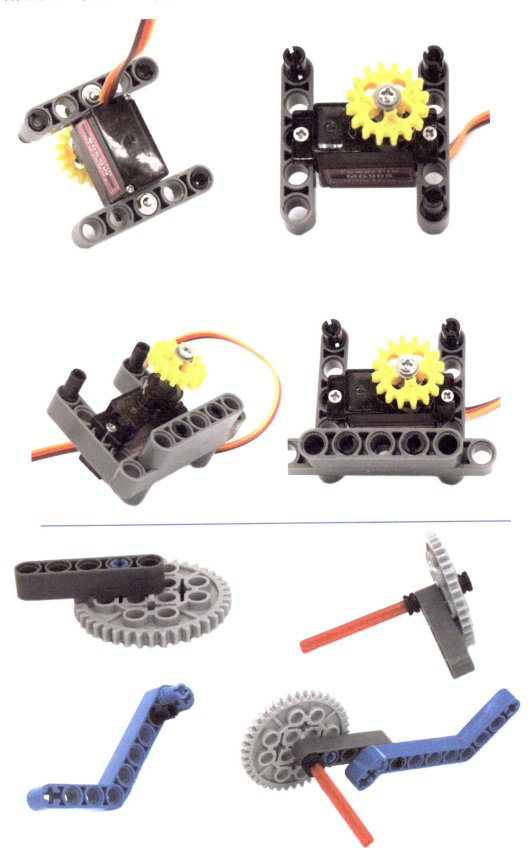

附图 4 – 3　制作腕关节

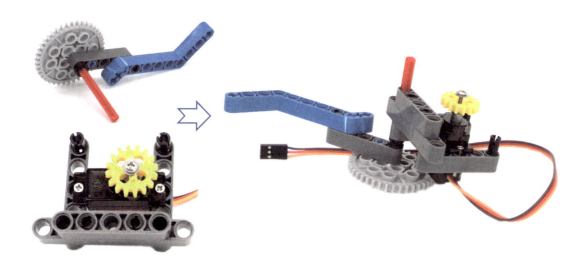

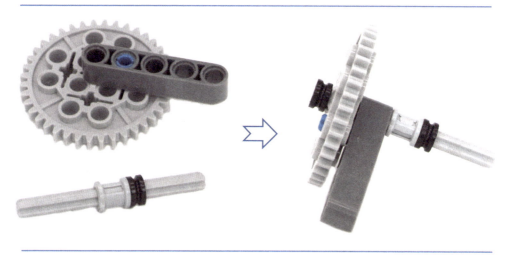

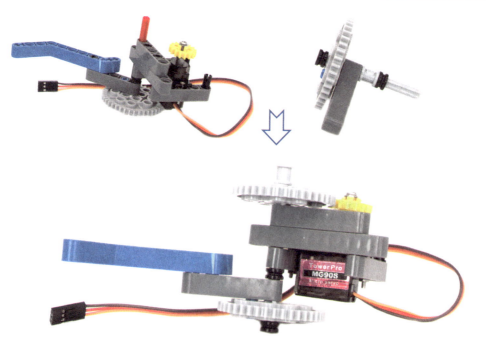

附图 4 – 3　制作腕关节（续）

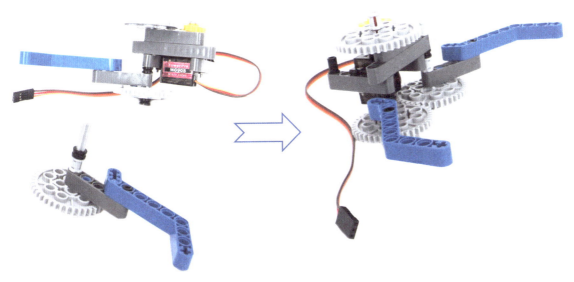

附图 4 - 3　制作腕关节（续）

（2）制作肩关节（附图 4 - 4）。

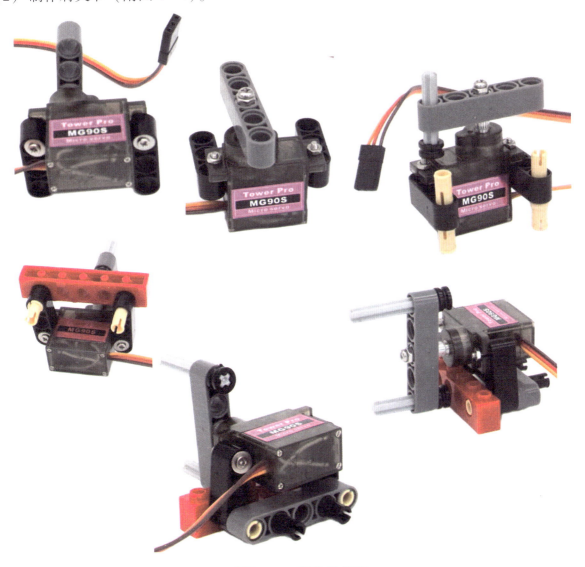

附图 4 - 4　制作肩关节

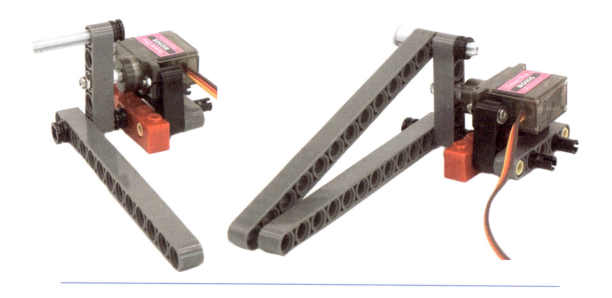

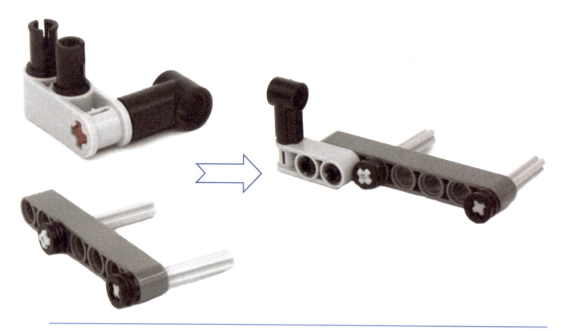

附图 4 - 4　制作肩关节（续）

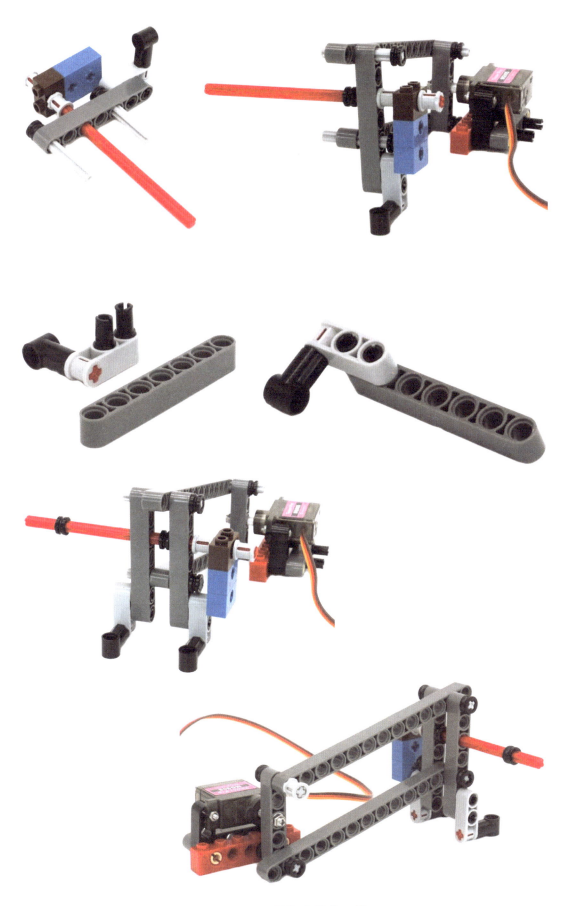

附图 4 - 4　制作肩关节（续）

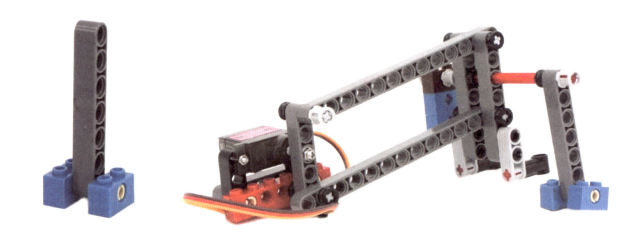

附图 4 – 4 制作肩关节（续）

（3）制作机座（附图 4 – 5）。

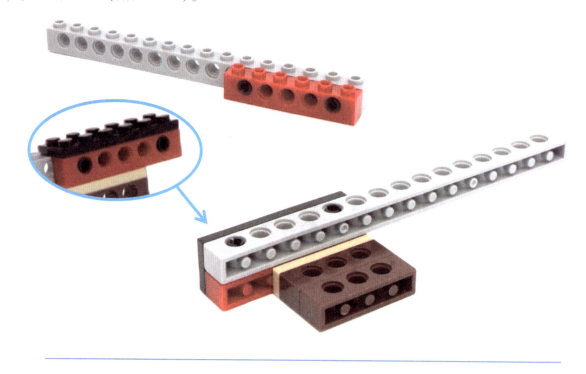

附图 4 – 5 制作机座

附图 4 - 5　制作机座（续）

（4）组装（附图4−6）。

附图4−6　组装

附图 4-6　组装（续）

参 考 文 献

［1］中国电子学会普及工作委员会. 机器人基础技术教学 ［M］. 北京：《电子制作》杂志社，2021.

［2］中国电子学会，上海享渔教育科技有限公司. 智能硬件项目教程 ［M］. 北京：航空航天大学出版社，2018.